中国旅游客运行业发展报告

2018—2020

CHINA'S TOURISM PASSENGER
TRANSPORT INDUSTRY
DEVELOPMENT REPORT

马聪玲　宋磊　主编
张雅俊　副主编

中国旅游出版社

编委会

主　　编：马聪玲　宋　磊

副　主　编：张雅俊

编委会成员：吴晓蒙　张　欣　徐　宁　李　蕊

　　　　　　王瑞婷　李冠杰　张　娴　杨明月

　　　　　　陈立平　叶东强

本书由中国旅游车船协会和中国社会科学院财经战略研究院共同研究出版

序　言

　　2018 年到 2020 年是我国脱贫攻坚、全面建成小康社会的关键时期。长期以来，我国旅游业的蓬勃发展在精准扶贫、促进社会就业和民生改善方面，贡献巨大。旅游业在国民经济和社会中的地位不断提升，我国已经进入大众旅游阶段。党的十九大报告指出，我国社会矛盾已经转化为人民日益增长的美好生活需要和不平衡不充分发展之间的矛盾。面对"十四五"时期，在全面建成小康社会，迈向现代化强国的征程上，旅游已经成为人民美好生活的重要内容和关系着民生的幸福产业。

　　"十四五"时期是我国"两个一百年"奋斗目标的历史交汇期，也是全面开启社会主义现代化强国建设新征程的重要机遇期。当前，加快构建以国内大循环为主体，国内国际双循环互相促进的新发展格局，是我国对"十四五"时期和未来更长时期经济发展战略、路径做出的重大部署。形成强大的国内市场是构建新发展格局的重要支撑。长久以来，旅游业在扩内需、促消费、惠民生等方面具有显著的作用。在新发展格局下，旅游业高质量发展势在必行。旅游与文化、交通、工业、农业、互联网等多个行业的融合发展是实现转型升级的必经之路。通过全方位的融合发展，能够"以文塑旅，以旅彰文"，提升旅游产业效率、促进区域间的平衡发展、发挥旅游业综合效应，使其成为人民更为满意的现代服务业，为构建新发展格局贡献应有的力量。

　　2020 年新型冠状病毒肺炎疫情肆虐，旅游业首当其冲，受到了严重的冲击。根据文化和旅游部的数据：2020 年国内旅游人数为 28.79 亿人次，比上年减少 30.22 亿人次，下降 52.1%。国内旅游收入为 2.23 万亿元，比上年减少 3.50 万亿元，下降 61.1%。在疫情防控常态化形势下，旅游业各行业如何抓住时机，实现复苏和繁荣，是当前的重要任务。2020 年下半年，得益于我国在疫情防控方面取得的巨大成效，我国旅游业复苏迹象明显，呈现很多亮点。

旅游客运行业是旅游和交通融合发展的交叉领域。当前很多旅游客运企业均由改革开放前的政府外事接待车队或国宾车队演变而来，具有高水平的服务标准和辉煌的接待业绩，是改革开放后我国旅游产业形成的基础。在新技术、新业态不断涌现的互联网时代，旅游消费需求更新迭代和散客化趋势加剧，旅游出行领域新模式不断涌现，传统旅游客运行业发展难以适应市场需求，受到高铁、民航和私家车的替代和影响非常明显，新型冠状病毒肺炎疫情下更是面临着复苏发展和转型升级的双重挑战。如何促进这些传统行业的转型和升级，是旅游业高质量发展的基础。

自 2018 年以来，受中国旅游车船协会委托，中国社科院财经院的旅游研究团队就开始关注旅游客运领域，通过问卷调查、实地调研和访谈等追踪行业变化。同中国旅游车船协会联合推出《中国旅游客运行业发展报告》和《中国旅游客运行业安全报告》，并在每年举办的"中国旅游出行大会"上对行业进行发布。本书就是在年度报告的基础上，结合团队的专题研究和企业的案例研究选辑而成。从理论和实践角度分析旅游客运行业发展的态势。2018 年至 2020 年，正是旅游客运行业探索转型升级又遭遇新型冠状病毒肺炎疫情冲击的关键时期，通过前后对比，能够清晰地呈现新型冠状病毒肺炎疫情对旅游客运行业的巨大影响，以及新型冠状病毒肺炎疫情下，重点旅游客运企业如何参与抗击疫情、实施自救和助推企业复工复产。这些研究和梳理将为行业的快速复苏和发展提供借鉴。

值此春暖花开之际，报告即将出版。我向所有参与和支持报告策划、组织、撰写、编辑的人员表示衷心的祝贺！也衷心希望研究团队能够再接再厉，用扎实的研究成果助力行业发展和人民美好生活！

中国社会科学院财经战略研究院党委书记，研究员

2021 年 2 月 27 日

目　录

第一部分　年度报告

第二部分　专题研究

第三部分　典型案例

第四部分 附 录

第一部分

年度报告

中国旅游客运行业发展报告（2018—2019）

2019 年是中华人民共和国成立 70 周年，我国在各行业、各领域都取得了骄人的成绩。中国旅游业从旅游事业到旅游产业，经历了翻天覆地的变化。特别是改革开放四十年来，我国入境旅游、国内旅游、出境旅游三大市场蓬勃发展，旅游产业体系不断完善，产业基础持续增强，正处于旅游大国到旅游强国转变的关键时期。作为"食、住、行、游、购、娱"等基本旅游要素的关键一环，旅游客运行业是我国旅游业快速发展的基础支撑，创造了辉煌的发展成绩。伴随着旅游业的飞速发展，我国旅游客运业经历了初期萌芽、起步发展、迅速扩张以及成熟拓展的发展历程，在短短几十年间经历了从无到有、从小到大、从规模化到现代化，取得了可喜的发展和变化。面对当今旅游消费需求的新变化和交通出行领域的新趋势，旅游客运行业面临的经营环境和竞争态势发生了彻底的改变，机遇和挑战并存，旅游客运行业亟须探索新的模式、新的发展路径以迎接变化、应对挑战。基于此，中国旅游车船协会携手中国社会科学院财经战略研究院联合推出了《中国旅游客运行业发展报告 2018—2019》，在回顾中国旅游客运行业发展历程的基础上，结合中国旅游客运行业的发展现状，深入展开企业和行业调研，分析和梳理中国旅游客运业面临的机遇和挑战，以期为促进中国旅游客运业未来的健康发展提供有效的建议。

一、我国旅游客运行业发展的环境和背景

（一）宏观经济稳中向好

2018 年，国民经济在新常态下平稳运行，结构调整出现积极变化，发展质量不断提高，民生事业持续改善，实现了经济社会持续稳定发展。2018 年全年实现国内生产

总值 900 309 亿元，按可比价格计算，比上年增长 6.6%。国民经济呈现稳中有进，稳中向好的发展态势。居民收入继续增长，2018 年全国居民人均可支配收入 28 228 元，比上年增长 8.7%，扣除价格因素，实际增长 6.5%。城镇居民人均可支配收入实际增长 5.6%，农村居民人均可支配收入实际增长 6.6%。各项社会事业健康发展。

（二）综合交通体系正在形成

2018 年，我国综合交通体系正在形成，以高铁、高速、民航为主的交通网络迅速形成，城市轨道交通快速发展。2018 年，全国铁路营业总里程达到 13.1 万公里，其中，全国高铁营业总里程 2.9 万公里，是 2008 年的 44.5 倍，10 年间年均增长 46.2%，高铁营业里程超过世界高铁总里程的三分之二，居世界第一位。全国公路总里程达到 484.65 万公里，其中，高速公路总里程 14.26 万公里，总里程居世界第一位。民航 2018 年完成旅客运输量 6.12 亿人，比上年增长 10.9%，其中，国内航线完成旅客运输量 5.37 亿人，增长 10.5%；国际航线完成旅客运输量 6366.70 万人，增长 14.8%。相应地，国民交通出行的选择范围扩大，越来越多的国民选择公共交通尤其是轨道交通出行，统计显示，2018 年中国城市客运量 1262.24 亿人，其中，公共汽电车完成 697.00 亿人，比上年下降 3.6%；巡游出租车完成 351.67 亿人，下降 3.8%；客运轮渡完成 0.80 亿人，下降 3.1%；轨道交通完成 212.77 亿人，增长 15.4%。

（三）旅游需求升级趋势明显

旅游行业取得了长足的发展，2018 年国内游客 55.4 亿人次，比上年增长 10.8%；国内旅游收入 51278 亿元，增长 12.3%。入境游客 14120 万人次，增长 1.2%。其中，外国人 3054 万人次，增长 4.7%；香港、澳门和台湾同胞 11066 万人次，增长 0.3%。在入境游客中，过夜游客 6290 万人次，增长 3.6%。国际旅游收入 1271 亿美元，增长 3.0%。国内居民出境 16199 万人次，增长 13.5%。其中因私出境 15502 万人次，增长 14.1%；赴港澳台出境 9919 万人次，增长 14.0%。随着人民生活水平的不断提高，对于更高层次生活质量的要求促使旅游需求呈现节节攀升的态势，旅游产品不断丰富和完善，旅游服务日益精细化，广大游客对于旅游交通设施、设备和服务的品质也在不断提升。

（四）全域旅游在各地快速推进

继 2015 年国家旅游局启动开展"国家全域旅游示范区"创建工作以来，国家先后在 2016 年 2 月和 2016 年 11 月公布了两批国家全域旅游示范区创建名录，总数达到 500 多家。2019 年 9 月 4 日，文化和旅游部发布了首批 71 个国家全域旅游示范区公示名单。在全国和各地方省市全力打造全域旅游示范区的热潮中，各地积极整合现有社会资源、深度融合现有产业资源，积极推动地区内外部交通网络的形成，增强旅游业带动和统领当地经济社会全面发展的综合能力。这其中蕴含大量对旅游交通服务的需求。

二、我国旅游客运行业的发展历程与政策

（一）旅游客运的概念及界定

旅游客运是指以运送旅游观光的旅客为目的，在旅游景区内运营或者其线路至少有一端在旅游景区的一种客运方式。旅游客运是一个行业交叉的领域，它是与班车客运、包车客运并列的一种客运形式。交通部 2005 年按照《道路旅客运输及客运站管理规定》将道路客运分为班车（加班车）客运、包车客运、旅游客运三类。其中，班车（加班车）客运是指营运客车在城乡道路上按照固定的线路、时间、站点、班次运行的一种客运方式，包括直达班车客运和普通班车客运，加班车客运是班车客运的一种补充形式，在客运班车不能满足需要或者无法正常运营时，临时增加或者调配客车按客运班车的线路、站点运行的方式；包车客运是指以运送团体旅客为目的，将客车包租给用户安排使用，提供驾驶劳务，按照约定的起始地、目的地和路线行驶，按行驶里程或者包用时间计费的一种客运方式。这种分类方式是根据道路交通管理部门对于客运管理的需要，按照客运经营的运输方式不同而进行划分的。

随着我国旅游客运、班车客运和包车客运的发展，不同类型客运之间的交叉与重叠越来越多，各细类之间的界限不清，这种分类方式已经不再适应当前道路旅客运输的实际情况，为此，交通部 2016 年第六次重新修订《道路旅游运输及客运站管理规定》将旅游客运重新分类，按照营运方式不同将旅游客运分为定线客运和非定线客运两种

类型，定线旅游客运按照班车客运管理，非定线旅游客运按照包车客运管理。

（二）我国旅游客运发展的主要阶段

追溯我国旅游客运的发展历史，梳理发展的大致脉络，主要历程可以概括为四个阶段：初期萌芽阶段、起步发展阶段、迅速扩张阶段、成熟拓展阶段。

1. 初期萌芽阶段（1949—1979 年）

在新中国成立之后，旅游接待活动的对象主要是来自友好国家的团体和人士，1964 年成立的中国旅行游览事业管理局隶属于国务院外交部，是国务院管理全国和国际旅游事业的职能部门，旅游接待属于政府外事接待活动。旅游客运主要是承担政府的外事接待工作，服务的对象主要是大型外事活动中的外宾团队。很多旅游客运实体运营部门是政府外事和旅游部门，而非独立的经营实体。例如，成立于 1950 年的江苏外事旅游汽车公司最初是隶属于江苏省政府的江苏省人民政府机关接待车队；成立于 1951 年的北京首汽（集团）股份有限公司最初是由周恩来总理亲自命名的首都汽车公司，从捷克订购了"旱捷克"小轿车 50 部，这是中华人民共和国成立后我国第一次进口汽车；成立于 1956 年的苏州外事旅游汽车公司最初是隶属于苏州市政府的苏州市人民政府交际处车队，后改为苏州市人民政府外事办公室车队。

邓小平同志在党的十一届三中全会后提出要大力发展旅游业，中国旅游业从 20 世纪 70 年代末开始兴起，也推动了旅游客运的产业化运营。作为旅游业的一个重要环节，旅游客运与旅游业发展之间息息相关，同样经历了快速的发展过程。改革开放初期，中国旅游客车的发展速度并不快，但仍有值得铭记的亮点。1979 年，北京客装公司使用解放 CA10 型载货汽车底盘开发生产出新中国第一辆空调旅游客车，掀开了中国旅游客运发展的新篇章。

2. 起步发展阶段（1980—1994 年）

从 20 世纪 80 年代到 90 年代中期，我国入境旅游市场蓬勃发展，中外合资酒店入驻，旅游汽车公司、涉外酒店、涉外商店、旅游景区、餐饮企业得到快速发展，重点旅游城市发展迅猛、主要景区入境游线路快速形成。在我国"政府主导、适度领先"的入境旅游发展战略下，入境旅游接待当时是远高于国内一般交通运输条件的。在强大的市场需求推动下，我国旅游客运业迎来了快速发展的机遇，纷纷进行了设备更新和服务提升。客车质量和舒适程度不断提升，服务规范和服务流程则进一步规范化，继续保持了政府接待的高水准服务水平。在这一时期，中国进口了大量的免税大巴、中巴和小车，以日本丰田皇冠汽车和日产"大日野"为代表的外资汽车进入中国市场，旅游客运开始了真正意义上的稳步发展阶段。

同时，国内自主开发的客车取得了迅速发展，开发出了适用于公路的团体客车专用底盘，摆脱了我国客车长期依靠载货汽车底盘改装客车的窘境。1981年生产的JT663客车是我国第一辆采用客车专用底盘的长途客车。1988年，我国自主开发出国内第一款卧铺客车，标志着我国旅游客运业的自主生产制造能力取得了突破性进展。此外，在这一阶段，中国旅游客车的合资合作取得了突破性的进展，多家国内汽车制造公司在引进外国先进车型的基础上生产出适合中国国情的旅游客车。1986年，北方车辆制造厂引进德国尼奥普兰公司的技术，生产了北方牌高档豪华旅游客车；1986年，沈飞汽车制造公司引进日本日野车体的技术，生产了中型旅游客车；1994年，西安飞机制造厂与瑞典沃尔沃客车公司合资成立西沃客车公司，生产西沃牌大中型豪华客车；1994年，桂林客车厂与韩国的大宇集团合资成立桂林大宇客车公司，生产桂宇牌高档大客车。随着这些新型旅游客车的推出，为我国旅游客运产业进入迅速扩张奠定了基础。

3. 迅速扩张阶段（1995—2007年）

1995—2007年是我国旅游业尤其是国内旅游业快速发展的阶段。随着1995年5月1日双休日制度的实施，我国居民休闲旅游时间增多。经济的快速发展使得人们的可支配收入不断增加，旅游休闲消费需求兴起，国内旅游和出境旅游开始发展起来。在这一时期，旅游业从新的经济增长点迅速成长为各地发展的战略支柱产业。1995年，国内旅游接待6.29亿人次，到2007年，我国内旅游接待人数达到16.10亿人次；国内旅游收入由1995年的1375.7亿元上升至2007年的7770.62亿元。这一时期，客运运输尤其是客运服务得到了长足的发展。国内公路旅客周转量由1995年的4726亿人公里上升为2007年的11445.0亿人公里；铁路由1995年的3547亿人公里上升为2007年的7216.3亿人公里；民航由1995年的652亿人公里上升为2007年的2791.7亿人公里。客运质量也有显著提升，越来越多的人选择搭乘民航出行，民航旅客在十年间翻了两番。

这一时期，中国旅游汽车客运业进入了迅速扩张的发展阶段。旅游汽车公司在国内旅游团队接待中扮演了重要角色，是我国旅游产业链中的重要一环。基于此，国家旅游局对旅游客运业的发展提出了若干建议，交通部针对旅游客运业的发展做出了明确的行业管理规定，各地方政府也纷纷出台了包含各项具体措施的促进旅游客运业健康规范发展的文件，整体上为旅游客运业的健康有序发展提供了政策保障。

自 2000 年以来，旅游汽车公司车型进入了"百花齐放"的发展模式，按照"技术引进—中外合资—中外合作"的发展过程，大批著名的合资品牌纷纷出现，无论是秉承欧美路线的亚星奔驰客车、凯斯鲍尔客车，还是日韩技术的江淮现代、沈飞日野，都极大地丰富了旅游汽车车型。尤其是，1998 年四川旅行车厂宇日本丰田汽车公司合资成立四川丰田汽车有限公司，引进生产了丰田柯斯特中型客车，这一车型成为此后二十多年内国内主流的中型旅游客车。1999 年，合肥客车制造公司与韩国现代汽车公司合作，生产了韩国现代汽车公司 90 年代中期推出的主流中型客车并大量出口，这标志着国内旅游客车的生产能力已经从国内走向国际，具备了大量出口的能力。

2000 年以来的另一个显著特点，是旅游客运企业的改制。旅游客运业的经营主体身份发生了显著变化，随着《国务院办公厅转发交通部等部门关于清理整顿道路客货运输秩序意见的通知》的出台，大批旅游客运企业完成了重组转制，在经营主体的性质上由国有改为民营。

4. 成熟拓展阶段（2008 年— ）

2008 年以来，我国旅游业迈向成熟发展阶段，旅游日益成为人们生活中必不可少的内容。由于 2008 年亚洲金融危机影响，国内出台多项鼓励政策力促国内旅游消费增长，同时出台的经济刺激计划，大大推动了旅游交通基础设施的建设。在这一时期，旅游业在国民经济中的地位不断上升，《旅游法》、《国民旅游休闲纲要（2013—2020年）》纷纷出台，《国务院关于加快发展旅游业的意见》（国发〔2009〕41 号）、《国务院办公厅关于进一步促进旅游投资和消费的若干意见（国办发〔2015〕62 号）》等对旅游业发展影响深远的文件出台。

随着我国经济和科技的高速发展，旅游客运逐步由先前单一的客车变为高铁、轮船、飞机、火车等多式联运，一定程度上提高了旅游客运业的效率，整体上实现了旅游客运的更加便捷和高效。2008 年 8 月 1 日我国第一条高速铁路——京津城际铁路开通。随后十年，我国高铁网络飞速发展，2018 年我国高铁营业里程达到 2.9 万公里。同时，在这一时期，随着互联网技术的发展，通过网络平台整合多种交通资源，提升交通服务效率成为潮流，例如全国道路客运联网售票服务平台建立，打破了原有道路客运的分散格局，实现了统一入口、跨省购票、信息互联互通、扫码登车、电子客票等多个道路客运领域的零的突破，2018 年道路客运全国联网售票实现。

从旅游需求来看，伴随着互联网的兴起以及 OTA 的日益普及，越来越多的游客选择自助游方式出游，旅游小团体化和散客化的趋势日渐明显。这一阶段游客对于旅游品质的要求越来越高，旅游出行交通工具的选择日益多样化。自驾游逐渐兴起，定制化的包车游也逐渐增多。随着旅游消费需求的转变和高铁、高速网络的不断拓展，相应地，对于原有的公路客运和旅游客运形成了一定的冲击。公路客运和旅游客运公司纷纷开始探索新的运营模式。2008 年之后，自主品牌客车取得了极速发展，宇通、金龙等自主客车品牌的涌现不但引领了国内旅游大巴车的设计潮流，也改变了旅游大巴车市场的竞争格局，自主品牌客车逐步占据了市场主流，实现了国内大客车由量变到质变的飞跃。特别是近年来，针对国内旅游团队小型化、高端化的趋势，我国的旅游客车生产也不断地进行安全性、舒适度方面的提升。

（三）我国旅游客运业主要相关政策

1. "旅游客运业"的明确提出

在 1987 年 4 月 15 日北京市人民政府发布的《北京市旅游客运汽车运营管理暂行办法》中首次提到了"旅游客运业"。这一《暂行办法》对于旅游客运经营者的自身条件、从事旅游客运经营的审批程序、登记变更程序、车辆运营规定、从业人员的执业要求、处罚条例、解释权等做出了详细规定。《暂行办法》指出旅游客运经营者包括了"利用大、中型轿车、旅行车等汽车，从事旅游客运经营的一切单位和个人"。1993 年 8 月 14 日北京市人民政府发布《北京市旅游客运汽车运营管理办法》，在进一步明确了旅游客运经营者的经营条件、旅游客运汽车驾驶员和服务员的从业条件、旅游客运经营的审批程序、登记变更程序、车辆运营规定、经营者的规定、禁止行为、奖惩条例做出了一系列详细规定，尤其是，对于从业人员和旅游客运经营者的若干奖惩行为进行了长达八条的详细规定和说明。同时，自本《办法》实施之日起，1987 年 4 月 15

日规定的《暂行办法》失效。

2. 旅游客运业务的多部门交叉管理

旅游客运业务涉及多个领域，主要由交通运输部（含交通部、铁道总局）和文化和旅游部等多个部门交叉管理，各部门针对旅游客运业务的具体情况发布了多项具有针对性的管理政策。

交通部针对旅游客运业务的第一份文件，产生于1989年12月18日交通部发布的《出租汽车旅游汽车客运管理规定》的通知，这一《规定》明确了旅游汽车客运行业的行政管理机关是各级交通主管部门，并针对经营旅游汽车客运的单位和个人在开业与停业、车辆管理、客运管理、站点管理、监督检查与处罚等行为做出了详细的规定和说明，解释权归交通部，并于1990年1月1日起施行。此外，旅游客运企业在遵守国家法律和各项法规之后，还要接受各地客运管理、公安、旅游、物价、税务等多个部门的管理、指导和监督。

3. 旅游客运业经营主体的角色转换

根据改革发展的需要，2000年国务院发布《国务院办公厅转发交通部等部门关于清理整顿道路客货运输秩序意见的通知》（国办发〔2000〕74号），明确提出要建立现代客运企业制度，揭开了客运企业重组转制的序幕。2001年，北京市响应号召，率先发布了《北京市人民政府办公厅转发市交通局等部门关于整顿本市道路省际旅客运输秩序实施意见的通知》，明确提出了推动客运企业以资产为纽带进行重组转制，鼓励企业依法建立法人治理结构，实行规模经营。在国内很多地方，也开始了旅游客运企业重组转制的工作。

4. 旅游客运业与新能源发展

为促进新能源汽车产业的发展，2014年国务院发布了《国务院办公厅关于加快新能源汽车推广应用的指导意见》（国办发〔2014〕35号），明确提出了城市客运鼓励使用新能源汽车。相应地，各地方政府也相继出台文件，促进新能源公交车、出租车、旅游客运车和物流车推广应用工作，同时对采用新能源的出租车、物流车、旅游客运、租赁等运营车辆，适当放开经营许可控制，优先办理营运审批手续，并提供新能源汽车运行的区域监控中心和配套服务。

5. 促进交通和旅游的融合发展

2017 年 3 月，交通运输部、国家旅游局、国家铁路局、中国民航局、中国铁路总公司、国家开发银行六部门联合出台了《关于促进交通运输与旅游融合发展的若干意见》，提出到 2020 年基本建立健全交通运输与旅游融合发展的运行机制，基本形成"快进""慢游"的旅游交通基础设施网络，建成结构合理、功能完善、特色突出、服务优良的旅游交通运输体系。

2018 年 3 月，国务院办公厅发布《关于促进全域旅游发展的指导意见》（国办发〔2018〕15 号），推动旅游与包括交通在内的各行业全面协同发展，这一政策意味着，在全域旅游趋势下，旅游交通的融合发展前景大有可为。

2019 年 8 月 12 日，国务院发布《国务院办公厅关于进一步激发旅游和文化消费潜力的意见》（国办发〔41〕号），提出优化旅游交通服务，科学规划线路、站点设置，提供智能化出行信息服务；引导文化和旅游场所增加参与式、体验式消费项目。

2019 年 9 月 19 日，中共中央、国务院印发了《交通强国建设纲要》，提出从 2021 年到 21 世纪中叶，分两个阶段推进交通强国建设，到 2035 年，基本建成交通强国，深化交通运输与旅游融合发展，推动旅游专列、旅游风景道、旅游航道、自驾车房车营地、游艇旅游、低空飞行旅游等发展，完善客运枢纽、高速公路服务区等交通设施旅游服务功能，同时加强特色农产品优势区与旅游资源富集区交通建设，在有条件的地区推进具备旅游、农业作业、应急救援等功能的通用机场建设。

系列政策的出台，使得旅游客运管理更为规范，旅游和客运的融合不断深化，具体政策文件及涉及旅游客运的内容，参见表 1。

表 1　旅游客运相关的重要政策性文件

时间	文件名称及发布部门	旅游客运相关内容
1987	《北京市旅游客运汽车运营管理暂行办法》（北京市人民政府）	首次提及"旅游客运"
1993	《北京市旅游客运汽车运营管理办法》（北京市人民政府）	明确北京市"旅游客运"管理条例
1989	《出租汽车旅游汽车客运管理规定》（交通部）	明确旅游汽车客运管理各项规定
1988	《城市出租汽车管理暂行办法》（建设部、公安部、国家旅游局）	含旅游客运的出租车汽车业务
2000	《关于清理整顿道路客货运输秩序意见的通知》（国务院）	客运企业改制

时间	文件名称及发布部门	旅游客运相关内容
2001	《关于整顿本市道路省际旅客运输秩序实施意见的通知》（北京市人民政府）	北京市客运企业改制
2014	《国务院办公厅关于加快新能源汽车推广应用的指导意见》（国务院）	推广应用新能源汽车
2017	《关于促进交通运输与旅游融合发展的若干意见》（交通运输部、国家旅游局、国家铁路局、中国民用航空局、中国铁路总公司、国家开发银行）	促进交通运输与旅游的融合发展
2018	《国务院办公厅关于促进全域旅游发展的指导意见》（国务院）	促进全域旅游发展
2019	《国务院办公厅关于进一步激发旅游和文化消费潜力的意见》（国务院）	优化交通旅游服务
2019	《交通强国建设纲要》（中共中央、国务院）	深化交通和旅游融合发展

（资料来源：根据网络资料整理）

三、我国旅游客运业发展的总体态势

（一）我国旅游客运业发展的现状

我国的旅游客运行业经过几十年的快速发展，目前已经形成大型龙头企业为主导，众多中小企业为基础的市场格局。无论从企业规模、经营管理还是车辆档次都已经大幅提升，早已不是 20 世纪 90 年代少量旅游汽车公司、旅游汽车制造企业占领绝大多数市场份额的局面。主要龙头企业包括北京首汽股份有限公司、北京汽车工业集团总公司、云南旅游汽车有限公司、上海锦江商旅汽车服务股份有限公司等。旅游客车制造企业包括宇通客车、金龙客车、中通客车等等。在旅游客车的车辆档次、舒适性、人性化、安全性、性价比等各方面，都在追赶并不断靠近国际水平。

旅游客运由于是旅游和客运的交叉行业，在国家层面没有专门的统计数据，根据文献搜索而获得的相关数据显示：截至 2015 年上半年，全国旅游客运车辆保有量为 107442 辆，占全部机动车保有量的 0.04%。近五年，旅游客运企业整体呈现稳中有升的态势。从地域构成上看，旅游经济较为发达的长三角地域、珠三角地区也是旅游客运发展的重点地区；从车辆构成上看，在现有旅游客车体系中，9 米以上的大客车仍然是主力车型，随着旅游小团体化的发展，6 米到 9 米的中型客车和小型客车的比例也在不断攀升。

　　从企业性质和业务模式来看，旅游客运行业的国企和民企各占半壁江山。大型国企和中小型民营企业共存，规模相差较大，业务类型多样，车辆设备档次不一、服务水平参差不齐，既有接待过国宾团队的高端服务车队，也有服务市场需要，机动灵活的小型企业。这些企业中，一些的前身是政府外事接待车队，主要业务以政府接待业务和大型活动外宾团体的服务为主，辅以散客包车等旅游客运业务。也有随着旅游兴起而迅速成长的民营中小企业，公司以旅游业务为主，也有大型旅游集团的子公司。企业经营模式各不相同，业务类型多样化，既包括工厂、公司的固定班车、学生校车等相对固定的包车业务，也有针对专业团体的旅游包车服务，如学生的春秋游活动、红色旅游、团体奖励旅游等旅游业务。经营业务的多样化导致企业的盈利模式也呈现出多样化的格局。随着高铁网络在全国的迅速铺开，原本从事传统班线运输的客运企业也承受巨大的市场压力，纷纷探索向旅游服务转型的模式和路径，这无疑加剧了原本旅游客运行业的竞争激烈程度，再加之旅游客运行业一直处于旅游产业链的末端，话语权和定价权有限，旅游客运企业的盈利空间不断被压缩，生存压力巨大，成为实实在在的微利行业，面临转型和升级的挑战。

（二）我国旅游客运业发展面临的困境及探索

当前，我国旅游客运业发展面临的主要困境包括：

1. 市场份额急剧降低

　　在 2012 年之前，占据主导地位的一直是公路旅客运输，公路客运量占比达到全社会旅客运输量的 90% 左右。2012 年之后，公路旅客运输量开始逐渐下滑。数据显示，2017 年全国营业性客运车辆完成公路客运量 145.68 亿人次，同比下降 5.6%，旅客周转量 9765.18 亿人公里，下降 4.5%。除上海、山东、海南、贵州、青海、西藏等地区公路客运量略有增长或持平外，其余地区的公路旅客运输量均呈现下降趋势。

　　在交通运输方面，铁路运输的经济性和快捷性是高于公路运输的。在我国现代综合交通运输体系框架下，我国对高速铁路的大力投入与支持使其发展迅猛，并逐步深入地改变了人民的出行方式。高速铁路规划的客运路线均为长途客运中盈利能力较强的路线，相关区域长途客运被大量分流。相较于高铁、民航等新一代高速度运输方式，传统长途客车在时效性、安全性与舒适度方面也不再具有竞争优势。对于旅游客运行业，一方面部分运营线路被高铁冲击，另一方面随着长途客运企业市场被压缩，部分长途客运企业开始进入旅游客运行业，进一步抢占旅游客运行业的市场和业务。

2. 企业经营安全风险大

安全是旅游客运企业的生命线，安全事故直接影响旅游客运企业的生死存亡。旅游客运企业多为大中型车辆，团队出游，如果一旦出现安全问题，极易造成"群死群伤"的重大安全事故，牵涉面广、社会影响恶劣，对企业经营和行业发展都将带来致命的打击。特别是长期以来，旅游客运市场秩序混乱，有些违法营运车辆零件老化、检修不及时、管理松懈，安全隐患大。利用低价扰乱了旅游客运市场秩序，甚至形成了"零团费""负团费"等畸形产业链，为了压低成本，更是存在无证上岗、疲劳驾驶、不按照规定行车等多种问题，增加了旅游客运行业安全工作的复杂性。2019 年，文化和旅游部办公厅发布的《关于进一步做好旅游安全工作的通知（办市场发〔2019〕54 号）》就明确提出"强化旅游包车管理"，督促旅行社选用正规的汽车公司、严格审查旅游包车车辆和驾驶员资质，督促旅行社加强导游（领队）的安全教育，提醒司机安全驾驶、提醒旅客安全乘车，与交通、公安等部门联合开展旅游包车隐患排查整治。此外，当前旅游客运相关的保险体制不完善，也进一步增加了企业安全经营的风险。

3. 政策瓶颈突出，市场秩序混乱

旅游客运行业身处行业交叉地带，为行业管理和政策出台增加了难度。仍然存在主管部门不明晰，行业管理模糊，与行业主管部门关系不够紧密等问题，这也带来了市场秩序混乱等一系列问题。在不同类型的旅游客运企业之间，还存在政策壁垒，特别是在当今跨界融合的旅游客运行业大发展背景下，不同旅游客运企业在政策上的差别化，不利于市场的公平竞争。此外，符合旅游客运发展实际、具有针对性的专项政策较少，政策力度不够。市场准入门槛较低，市场上主体混乱，水平参差不齐，市场秩序混乱，无序竞争问题突出。例如，旅游客运市场仍然存在不少淘汰车辆和问题车辆，资质和证件不齐，降低服务标准，私下签订协议，以低收费、低水平服务等方式服务旅客，造成不公平竞争、恶性竞争，影响了其他合法经营的企业，严重影响了整个行业的形象，造成市场秩序的混乱。但这部分人员和车辆流动性强，管理和打击难度大，如果发生事故，将会造成极大的损失。

4. 行业认知度低，企业经营主体不强

旅游客运企业处于旅游产业链的末端，议价能力有限，行业认知度低。20世纪80年代，多数企业因具有政府接待的丰富从业经验，而享有较高的社会声誉和社会地位。但随着旅游业大众化发展趋势和综合交通网络的冲击，旅游客运行业的整体薪资水平、社会认知度在降低。旅游客运行业逐渐演变为一个形象模糊、存在感较低的行业。与传统的旅游景区、饭店等相比，旅游客运企业和从业人员，尚未实行分级分类管理，对旅游客运服务的车辆设备缺乏专业的分级认证，致使不同公司、不同档次、不同服务水平的旅游客运服务，很难在市场上区别定价，不同服务能力的旅游客运服务人员，也体现不出专业技术的等级，一定程度上影响了大众的认知。同时，旅游客运市场虽然存在一定的龙头企业，但也有很大一部分经营企业规模较小、实力不强。行业内经营主体分散，难以形成规模效益，价格竞争激烈，利润空间很小。大型企业面临着高额的管理成本和安全成本，虽然净收入较高，但利润率处于较低的水平。

5. 高素质从业人员稀缺

旅游客运行业高素质人员稀缺，尤其是客运汽车驾驶员极为缺乏，流动性还很强。旅游客运行业工作任务重、安全责任大、工作强度高，旅游线路不固定，对驾驶员的驾驶、服务和处理应急事件的能力要求较高。但整个行业作为微利企业，工作待遇、薪资水平和社会地位都不高，对从业人员特别是年轻人缺乏吸引力。多家公司面临驾驶员人员结构老化、人员断档、招聘难、留人难等问题。同时，A1驾驶证的考取十分困难，需要严格按照相关规定一步一步地升级驾驶证。考证周期长，难度大。获得A1驾驶证的驾驶员年龄基本上都在三十五岁以上。年轻驾驶员的缺失不免使得行业缺乏生机和活力。一些较大的企业甚至出现了车比人多的现象，闲置车辆增多，盈利能力下降，固定成本得不到分摊，进一步压缩了企业的盈利能力和生存空间。

针对旅游客运业发展面临的新形势和新问题，在2018年，旅游客运行业经历了艰难的探索和转型尝试。旅游客运企业积极探索同旅游景区、旅行社、旅游集散中心

的合作模式，拓展多元化业务类型。破除体制和机制的壁垒，着力推动旅游交通的同城化运营。通过互联网技术对传统旅游客运行业的渗透，推出智能化的旅游交通服务平台。积极探索旅游直通车、旅游客运专线、商务旅游专线车、旅游景区观光车等多种旅游服务类型。很多企业积极探索服务模式、经营模式、服务理念和管理理念的创新。此外，从行业层面看，2017年交通运输部发布《关于深化改革加快推进道路客运转型升级的指导意见》指出"要求充分发挥道路客运比较优势"，之后在行业层面，多家企业开始探索"运游结合"的发展模式。全国举办了促进旅游客运发展的多项论坛，积极探讨旅游客运转型升级的路径和新模式。例如2018年中国旅游车船协会主办的"中国旅游客运发展高峰论坛"在郑州举办，2019年4月，中国旅游车船协会主办的"中国旅游客运行业发展研讨会"在新疆石河子举办，2019年4月，"新时代、新融合、新机遇——山东旅游客运创新发展高峰论坛"举办，这些论坛推动了行业研讨，共同探索在全域旅游深入发展、旅游消费需求升级的新形势下，旅游和交通融合发展的新态势、新格局，也对我国旅游客运业现存的困境和问题做了深入的剖析。

（三）重点旅游客运企业调查分析

为了更加深入地了解旅游客运行业的发展现状、存在问题与面临的困境，课题组对包括首汽集团、北汽集团、江苏省外事汽车公司、无锡外事汽车公司等十余家企业进行了实地调研和座谈，同时对行业内百余家企业进行了问卷调查，在剔除无效问卷和有效度低的问卷之后，调研结果如下：

1. 企业性质和规模

从受访企业的性质来看，国有企业和私营等非国有企业各占半壁江山，人员规模在200人以下的公司将近六成，车辆规模在400台以下的占八成，行业人员规模和车辆规模差异较大，车辆超过800台的龙头企业也占有不小的比例。

具体来说，在受访企业中，52%是国有企业，43%是民营企业，5%是其他类型企业。因此，整个行业是以国有企业和民营企业为主，国有企业和非国有企业各占半壁江山（见图1）。

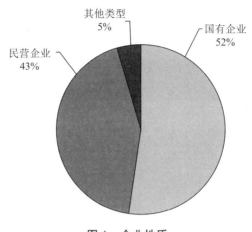

图 1 企业性质

从受访企业现有人员规模来看，差异较大。有的龙头企业的人员规模达到上万人，而小企业的人员不足百人。整个行业以 200 人以下的中小企业为主，同时也存在着一定数量的龙头企业。数据显示将近六成企业是 200 人以下的中小型公司，而员工 800 人以上的大型企业也占有相当的比例，达到 14.63%。被调查企业人员规模中位数为 150 人，这在一定程度上反映了行业内中小企业为主的基本格局（见图 2）。

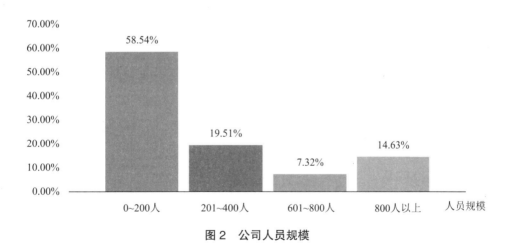

图 2 公司人员规模

从事旅游客运业务的人员占公司现有人数的平均比例为 69.08%。大部分企业从事旅游客运业务人员占总人员规模的比例都在 60%~100% 之间。处于这部分区间的企业占比达到了 70.73%，即：七成以上的企业内有超过 60% 的工作人员在从事旅游相关业务。

从受访公司现有车辆规模来看，63.41%的企业车辆规模不足200辆，车辆规模在400辆以内的企业占到八成以上。车辆规模在800辆以上的企业占比也不少，达到了12.20%。调查企业的车辆（6米以上的大中型车辆）规模的中位数为142辆，其中最大值为1746辆，最小值为34辆。这在一定程度上反映出行业内企业车辆规模差异较大的现状，这些差异主要是企业性质、企业实力、经营阶段、所在地域、经营策略等多重因素复合影响的结果。例如地处长三角地区、京津冀等经济和旅游较为发达地区的企业，市场需求量大、客车需求量高，企业车辆保有规模就大，而西部经济较为落后地区或者季节性强的地区，企业规模相对较小（见图3）。

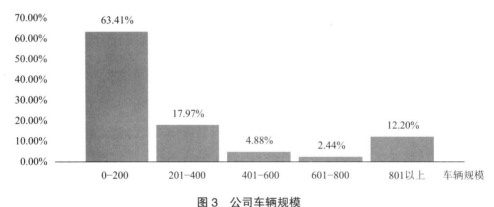

图3 公司车辆规模

从事旅游客运业务的车辆规模占公司现有车辆的平均比例为73.06%；从事旅游客运业务的车辆规模的中位数为88辆；从事旅游业务的车辆规模在300辆以下的企业接近90%；这也间接说明了从事旅游业务的公司车辆规模较小，而车辆规模在300辆以上的中、大型公司，更多地采取了多元化的经营策略。

2.公司经营状态及制约

从客运企业的经营状态来看，处于业务扩张状态的企业超过四成，处于业务萎缩的企业将近四成，还有占两成的企业处于业务基本持平状态，未来全行业经营状态尚不明朗，转型升级迫在眉睫。

具体来说，受访企业当中有36%的企业处于业务不断萎缩状态，43%的企业处于业务不断扩张状态，21%的企业处于业务基本持平状态。这也基本反映出当前旅游客运行业整体面临的困境，业务萎缩企业、业务扩张企业和业务持平企业大约三分天下的格局。21%的业务持平企业未来走势如何，总体上会影响整个行业的发展格局，未来充满变数，这也说明旅游客运行业面临着迫切地转型升级压力（见图4）。

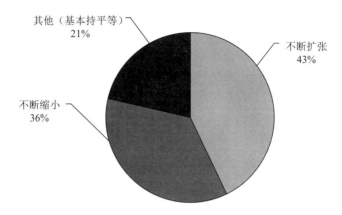

图4　公司旅游客运业务状态

针对"贵公司旅游运输业务面临的最大制约是什么"这一问题，选择比例前三的因素分别为：高铁替代、市场份额减少；季节性突出、营运时间短；车辆更新限制多、指标不够。占比分别为83.33%、72.22%、63.89%。其中最关键、最突出的影响因素是高铁替代导致的市场份额减少，超过八成的公司都选择了这一因素（见图5）。

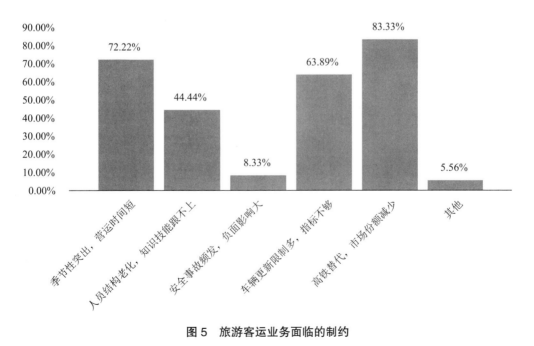

图5　旅游客运业务面临的制约

针对"高铁对贵公司旅游运输业务的影响"这一问题，认为"高铁线路与原有旅游客运线路完全重合，原有旅游客运线路完全失去发展空间"的企业占50.00%，认为"高铁线路与原有旅游客运线路部分重合，原有旅游客运线路长度超过高铁线路"的企业占36.11%。从这些问题不难看出，高铁快速发展对传统旅游客运产生很大的影响，但也有近四成的企业认为高铁不能完全取代旅游客运，旅游客运线路可以深入旅游景区，实现点对点、门到门的交通服务，这是高铁不能取代的部分，二者可以并行存在。积极转型，发挥优势，寻找新的出路成了企业目前面临的很重要的问题。

3. 营业收入与利润

从受访企业的营业收入来看，2018年营业收入的中位数为0.30亿元。75.00%的企业营业收入规模处于0~0.50亿元之间，营业收入超过2亿元的企业只占12.50%。营业收入超过1亿元的企业只占18.76%，即：超过八成企业的年营业收入小于1亿元。这一定程度上说明：旅游客运行业内还是以营业规模较小、营业收入较少的中小企业为主（见图6）。

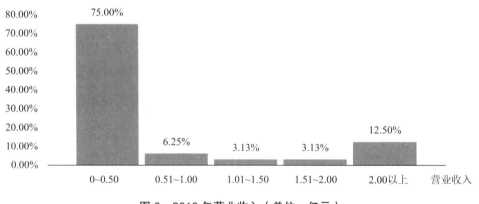

图6　2018年营业收入（单位：亿元）

从事旅游客运业务营业收入的中位数为0.23亿元。78.13%的企业从事旅游业务的营业收入处于0~0.40亿元之间（见图7）。从事旅游客运业务的营业收入占公司总收入的平均比例为74.22%。超过七成的企业内有超过60%的营业收入来自旅游客运相关业务。

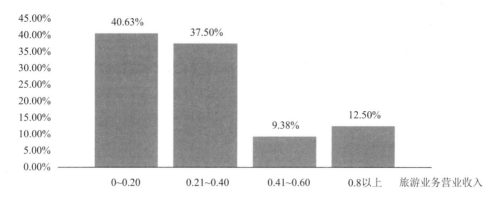

图 7　2018 年旅游客运业务的营业收入（单位：亿元）

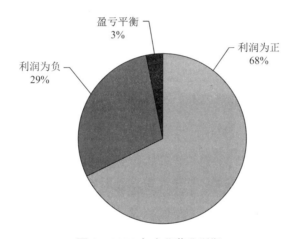

图 8　2018 年企业营业利润

　　受访企业中，2018 年处于盈利水平即营业利润为正的企业占比为 68%，处于亏损状态的企业为 29%，盈亏平衡的企业为 3%（见图 8）。旅游客运业务板块处于盈利水平的企业占 65%，处于盈亏平衡状态的企业占 6%，处于亏损状态的企业占 29%。基本上和公司整体盈利情况一致。

　　调查企业 2018 年的平均营业利润为 0.092 亿元。从整体上看，行业内企业的盈利水平比较接近，利润率较低，同时还有不少企业处于亏损状态。总体上显示出该行业微利经营，艰难求生存的现状。

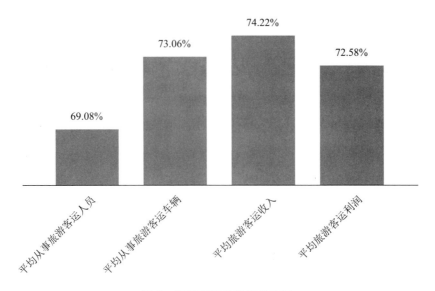

图 9　旅游客运业务相关比例

从行业人员、车辆、营业收入和营业利润等因素综合来看，旅游客运业务用了大概 70% 的人员和车辆资源，创造了大约 74% 的收入和 72% 的利润（见图 9）。说明对于受访公司而言，旅游客运业务对于公司的运营和发展至关重要。旅游客运业务发展的好坏也决定着公司发展的前景。如果旅游业务有所下滑，那么对于整个公司的营业收入和利润将会造成很大的影响。

4. 公司车辆构成

受访公司拥有的四种类型的车辆比例大体相同，都在 20%~30% 区间。拥有数量最多的车型是 7~9 米的中型客车车型，占比达到 29.22%。拥有数量最少的车型是 7 米以下的车型，占比达到 20.07%。9~11 米的车型和 12 米以上的车辆占比数量大致相同，分别为 25.17% 和 25.54%，9 米以上的大型客车占据约 50% 的比例，这说明旅游客运行业仍然以 9 米以上的大型客车为主，而近年来中型车有逐渐上升的态势（见图 10）。

受访企业拥有的车辆中，车辆品牌前三位分别是宇通、金旅和金龙。30.4% 的受访企业，都选择了宇通客车。前三位占比达到 50% 以上，其余品牌总的占比不到 50%（见图 11）。

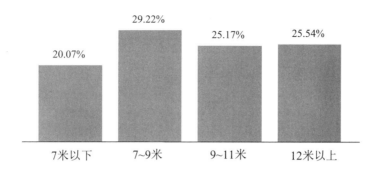

图 10 公司拥有的车辆类型

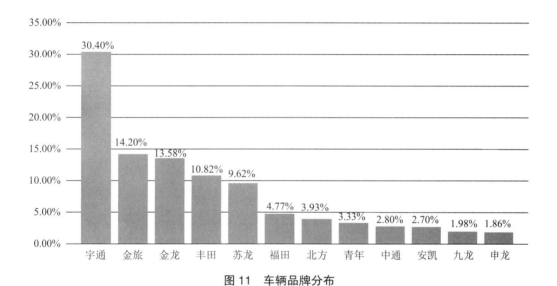

图 11 车辆品牌分布

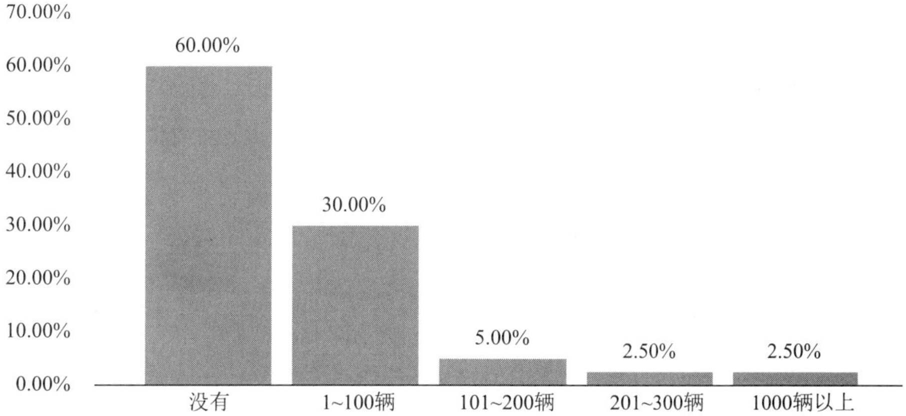

图 12 新能源车辆保有状况

在受访企业中，60%都没有新能源车，30%的企业新能源车在100辆以下。在拥有新能源车的企业中，七成以上的企业保有数量在100辆以下，100~200辆的企业仅占5%（图12）。综合来看，旅游客运行业的新能源车辆保有量还比较低，绝大多数企业还没有新能源车辆。这一方面由于新能源车辆技术方面、续航里程、充电设施等方面还不够完善，另一方面，也和旅游客运行业长途业务多、路线不固定、路况更为复杂等因素密切相关，因此，在旅游客运行业推动新能源汽车应用，不仅需要更新技术、增加续航里程、完善充电基础设施，更为关键的是还应该根据旅游客运行业实际，推动新能源汽车的合理应用。

四、我国旅游客运业发展的融合与创新

（一）我国旅游客运业发展面临的主要威胁

1. 高铁、城际交通网络发展对客运行业带来巨大冲击

自2008年我国京津城际高速铁路开通以来，高铁网络迅速拓展，截至2018年，我国高铁营运里程已经达到2.9万公里，是2008年的44.5倍。高速公路总里程14.26万公里，总里程居世界第一位。高铁的快速兴起，因其高效、便捷、快速、舒适，大量中长途的旅游客运需求被满足，原有的长途汽车客运受到强烈的冲击，旅游客运也受到不小的影响。按照中国高速铁路网中长期规划，到2030年，我国将形成"八纵八横"的高铁网络，高铁密度将大大提升，区域高铁枢纽城市不断形成，大中城市间高铁连接将会成为常态。其实，近五年来，公路客运市场不断萎缩、公路客运量持续下滑的趋势已经显现，公路客运企业面临转型升级的巨大压力。在公路客运探索未来发展路径、整合资源、抱团取暖的过程中，众多公路客运企业都看到了旅游市场的巨大消费潜力，纷纷开始探索"运游结合"的新模式，这也为传统旅游客运企业带来更大的生存压力。

2. 出行领域的革命，改变了客运行业的总体发展格局

近年来，随着移动互联网、物联网、人工智能、大数据、移动支付等技术的飞速发展和应用，居民出行领域迎来深刻的、颠覆性的变化。融合深化、创新加速，涌现了一批基于技术平台的新交通出行模式。例如网约车、共享汽车、共享单车、分时租

赁、无人驾驶等，新的模式彻底改变了交通出行领域的竞争格局。同时，交通相关的智能设备的不断应用，车辆的安全性、互动性、娱乐性也在不断提升。自动驾驶、无人驾驶、新能源等发展趋势引人瞩目。交通出行领域也成为各方资本角逐的热点领域，2017年共享交通领域投资达千亿元，独角兽企业不断涌现，代表着新经济发展的趋势。这些新的变化使得我国交通出行的智慧化程度不断提升，而智慧交通体系的建设也是未来智慧城市建设的基础环节。公路客运、旅游客运在这样的竞争态势下，在短途市场上，又受到城市轨道交通、网约车、出租车、共享单车等的影响，市场空间受到进一步的压缩。旅游客运企业需要积极思考、深入推动"互联网+"，快速融入我国未来智慧交通网络建设之中，才能跟上整体的发展。

3. 全面深入的交旅融合，对旅游客运细分市场带来竞争压力

在高铁挤压、出行模式颠覆性变化的大背景下，旅游客运市场面临的转型升级压力越来越紧迫。2017年以来，国务院和交通运输部等连续出台文件《关于促进交通运输与旅游融合发展的若干意见》、《关于深化改革加快推进道路客运转型升级的指导意见》、《交通强国建设纲要》等，促进全面、深入的交旅融合发展。在《关于促进交通运输与旅游融合发展的若干意见》提出要形成"快进慢游"的交通网络，"强化客运交通枢纽的旅游服务功能""鼓励道路客运企业开通直通旅游景区的定线旅游班线和公交旅游专线"。在《关于深化改革加快推进道路客运转型升级的指导意见》中提出要"大力发展旅游客运和包车客运""支持汽车客运站拓展旅游集散功能，积极引导并规范开展通勤班车、旅游客运专线、机场或高铁快线、商务快客、短途驳载等特色业务。"在《交通强国建设纲要》中提出，要"加速新业态新模式发展，深化交通运输与旅游融合发展，推动旅游专列、旅游风景道、旅游航道、自驾车房车营地、游艇旅游、低空飞行旅游等发展，完善客运枢纽、高速公路服务区等交通设施旅游服务功能"。在这样交通旅游大融合发展的态势下，各地交通客运企业纷纷探索转型，班线转向旅游交通，客运站转向旅游集散中心，高速路服务区不断提升改造，休闲化趋势明显。在地域上，旅游线路不断向乡村地区延伸，布局网络。这些做法对旅游客运细分市场构成了强大的竞争压力。

（二）旅游客运行业面临的发展机会

虽然面临外部环境的挑战和自身条件的制约，旅游客运行业仍然面临很多机会，也具有转型升级的优势条件。

1. 旅游成为美好生活的必备内容，出行需求旺盛，未来市场广阔

党的十九大报告指出：新时代我国社会主要矛盾是人民日益增长的美好生活需要和不平衡、不充分发展之间的矛盾。大众旅游时代，旅游已经成为一种生活方式，是人民美好生活的必备内容。2018年，我国国内旅游人数超过55.39亿人次，比上年同期增长10.8%。全国旅游业对GDP的综合贡献为9.94万亿元，占GDP总量的11.04%。规模巨大的出游人数蕴含了巨大的交通需求，高铁、高速、民航、邮轮等多个领域都面临巨大的发展机会。随着城市化的迅速推进和城乡居民收入的增加，双城、多城之间，大中城市同周边旅游景区之间的旅游、商务、休闲、度假的需求在不断增加。特别是乡村振兴战略的提出，乡村旅游、特色小镇、古村镇旅游、乡村度假的兴起，使得乡村地区成为公路客运和旅游客运的新蓝海。广大乡村地区道路密度较低，高铁、高速网络覆盖率低，在未来发展中，城市到乡村之间的交通网络、交通线路、交通设施、交通服务将为公路客运和旅游客运提供大量的市场机会。

2. 全域旅游推进，综合交通网络的形成为旅游客运行业带来了新契机

2016年，国家旅游局提出了"全域旅游"发展理念。这是应对我国旅游消费迭代、旅游产业转型升级趋势的全新旅游发展理念。全域旅游成为以旅游带动地方经济和社会全面发展的新模式，并逐渐上升为"国家战略"。随后，在全国范围内开展了全域旅游示范区建设，两批示范区建设单位共计500多家，包括海南、宁夏两个省（区）、91个市（州）、407个县（市），覆盖全国31个省、区、市和新疆生产建设兵团。全域旅游发展推动了旅游基础设施投资和建设，2016年各地建设停车场4000个，旅游集散中心2500个，数千个旅游咨询服务点等。全域旅游示范区验收标准中，特别针对地区的内外部交通网络、交通节点、旅游线路都做了相应的要求，促进了"快进慢游"网络的形成。各地在实践中，也有地方开通了旅游专线车、旅游直通车、农村旅游班线等客运服务。全域旅游对交通网络和交通服务的需求，为旅游客运行业发展提供了新的契机。而随着高铁、高速、民航等快速交通网络的基本成型，各地慢游系统的形成，则会成为未来的重点，也蕴含更大的发展契机。在旅游目的地综合交通网络形成中，特别是在慢游系统构建上，旅游客运享有很强的优势。未来综合交通体系建设中，各个旅游客运企业立足自身的特点和优势，可以在构建综合、立体、无缝衔接的出行体系中找到自己的位置，贡献自己的力量。

3. 高铁、民航、邮轮等交通干线创造出接驳新需求

虽然高铁、城际快速交通等在中长途挤占了传统客运企业的市场份额，但是由于高铁和城际交通主要解决城市之间的大交通连接，很难实现站点到景区、景区到景区之间的无缝化连接，因此在区域内旅游交通微循环的构建方面，传统旅游客运企业具有机动、灵活、专业的优势。随着我国高铁网络的持续拓展，高铁站点增多，从高铁站点到各个景区、购物场所、度假地的团队旅客的接驳需求增加。同时，近十年来我国邮轮旅游发展迅猛，上海、天津、厦门、广州等各地邮轮母港和邮轮码头纷纷兴建并开业运营，从市区、机场、高铁站点等到邮轮码头的旅客接驳需求也不断上升。此外，我国旅游景区体系的拓展，也蕴含大量旅游交通服务需求。目前全国景区3万多家，其中A级景区1万多家，5A级景区259家，4A级景区3034家，红色旅游经典景区300家，国家级度假区26个，国家生态旅游示范区110个，自驾游房车营地900多个，全国通用航空旅游示范基地16个。同时随着各地旅游公路、主题文化线路、古道、最美乡村路等的建设，大的旅游景观体系正在形成，这使得从交通干线的站点到旅游景区之间，蕴含的接驳需求激增。

4. 特定细分市场和专项活动成为旅游客运市场新蓝海

当前，在我国快速发展的专项旅游活动，例如红色旅游、老年旅游、康养旅游、研学旅游、节事旅游等，这些专项旅游活动以小团体出游为主，注重圈子和成员之间的互动和分享，对车辆和服务的专业化程度和精细程度要求较高，是非常适合旅游客运包车的一种旅游活动。特别是老年旅游和亲子旅游细分市场，蕴含大量的商机。随着我国进入老龄化社会，银发一族普遍有钱有闲，是国内旅游消费的一支新生力量。根据国家统计局数据，2018年年末，国内50岁以上人群已经超过4.3亿，其中60岁以上的2.49亿人，占总人口的17.9%。老年消费群体的消费潜力不容忽视。老年人对文化旅游、康养旅游的需求，将同时带动旅游客运市场的大发展。此外，随着中国人口政策的调整，中国人的家庭结构也将面临变化，四口之家的亲子消费需求，也蕴含了对旅游出行车辆、组团方式的变化，中小型旅游包车将会更受青睐。最后，随着国内外经济和文化交流的日益频繁，我国以"节、会、展、演、赛"等各类节庆、会展、体育赛事频繁举办，例如2022年北京冬奥会、2019年武汉军运会等，这也衍生出大量的节事旅游需求。旅游客运企业因其交通服务的专业性以及外事服务的经验积累，在这一领域的团体接待中，具有无可比拟的优势。这些特定细分市场正在成为旅游客运未来发展的新蓝海。

5. 区域协同战略下的旅游深度融合蕴含大量的城际旅游包车需求

在我国"一带一路"、京津冀协同发展、长江经济带等区域发展战略实施的背景下，双城、多城之间的旅游交流和合作、交流和互动日益频繁，双向的旅游休闲和文化商务往来增加，这蕴含着极大的旅游交通需求。国家中心城市和区域交通枢纽城市的辐射带动作用在不断增强，千万级人口的大都市不断崛起，在经济发达的大中小城市间，互为客源市场，对旅游直通车、旅游专线的需求与日俱增。同时，城乡融合战略和乡村振兴战略的实施，城市的公共设施和公共服务，交通网络和交通服务不断向乡村地区延伸，城乡之间的经济发展水平、公共设施和服务水平差距越来越小，节假日城里人奔赴乡村休闲度假、老年人到乡村定居养老、购置第二居所，年轻人到乡村创业都成为潮流，对旅游班车、旅游包车的需求不断增加。特别是随着特色小镇建设、最美乡村路、旅游风景道、绿道、步道等的建设，这种注重路上体验的旅游新产品，也为旅游客运的发展拓展了新空间。在很多地方，已经开设了串联多个特色村寨的旅游班车。

6. 随着消费升级的需要，大型景区内部交通需求不断增加

旅游消费升级对旅游景区内部的设施和服务也提出了挑战。当前我国着力推动国家公园建设、国家级度假区建设，这些大型公园、度假区和景区的内部旅游交通需求将会越来越多。度假型的旅游消费需求对景区的要求是集居住、游览、餐饮、娱乐等多种元素为一体的复合度假区。景区升级和扩建使得景区内部功能更为复合，大型景区对周边村镇的带动更为强大。大型景区内部停车场和各景点之间、景点和景点之间、景点与住宿、餐饮、娱乐等设施之间的交通服务需求增加。大型景区同周边村镇之间的交通摆渡需求也不断兴起。这些交通服务需求因为存在明显的淡旺季特征，对于景区来说，如果直接购置车辆、直接参与运营，资金占用较大，维护成本也高，并不是最理想的选择，如果能够探索景区和旅游客运公司之间的合作，通过专业化的团队运营和管理，形成新的合作模式，则会带来双赢。

（三）我国旅游客运业的新做法和新尝试

我国旅游客运企业的前身多隶属政府外事接待部门。很多公司具有多次接待国宾、外宾、政府官员的外事从业经历。以北京首汽集团为例，其前身就是1951年周总理亲自命名的首都汽车公司，具有服务国家外事接待和大型活动的多年经验，在2008年奥运会等多项大型活动中提供了交通服务和保障。又如江苏省外事旅游汽车有限公司隶属南京金陵饭店集团，前身是江苏省人民政府外事办公室车队，接待过历届党和国家领导人以及许多外国元首，历来是省市政府重大会议、大型活动交通保障的主要服务商。这些企业在长期发展中，积累了大量的旅游交通服务经验，公司管理流程规范、技术要求高、车辆设备先进、安全管理严、服务流程专业，这是该行业应对挑战、捕捉机遇、突破难关的最坚实的优势条件。面对新的形势，旅游客运企业正在进行多方位的探索。

1. 拓展业务范围，向产业链上游延伸，获取更多发展机会

2018年，我国旅游业对国民经济综合贡献达11.04%，其中，交通花费占到我国城镇居民人均旅游消费的30%以上。在食、住、行、游、购、娱六要素中，旅游交通占据越来越重要的地位，但是在旅游业整个产业链中，旅游客运行业一直处于整个产业链的末端。长期以来，旅游客运行业依赖旅行社导入客源，在旅行社业务逐渐被OTA替代，旅游散客化程度越来越高的互联网时代，旅游客运企业也开始谋求转型升级，一方面，着力提升车辆和设备的档次、质量，在舒适度和安全性方面更匹配旅游者不断提升的旅游需要，另一方面，旅游客运企业业务开始向上游延伸，逐渐控制游客流量入口，有很多传统旅游客运企业开始成立旅行社，直接面对大众游客，提升自己在市场上的组团能力，试图摆脱长期以来对旅行社的依赖。还有旅游客运企业着眼于特定团体客源，成立会展公司，组织会展旅游活动。通过这些举措，旅游客运企业在旅游产业链上的业务延伸，获取了更多的发展机会和利润。以苏州外事旅游车船有限公司例，2004年成立了吴门国旅，2011年成立了高华会展有限公司。当前企业主营业务主要包括政府业务、企业业务、旅游业务三大板块。从传统旅游客运企业向综合化发展转变，实现了多元化发展。

2. 探索旅游客运管理和运营新模式，提升服务质量和市场秩序

长期以来，旅游客运行业存在的安全事故、低价竞争、市场秩序混乱等问题多遭游客和各界诟病，也成为旅游行业的痼疾。旅游客运的很多管理规定，也不适应当今散客化市场需要。因此，各地纷纷出台各项措施和政策，探索旅游客运管理和运营的新模式，以期更好地服务散客市场。例如有的省市针对旅游客运公司之间低价竞争扰乱市场秩序的行为，积极探索旅游客运管理体制和运营模式的创新，推出政府主导，企业运营的模式，对区域内的旅游客运大巴车辆，实行统一调度、统一收费、统一分配、统一投诉等制度。针对旅游客运异地经营等问题，在省市等层面尝试了同城化改革。同时，有些省市积极推动传统旅游客运同互联网的融合发展，推出智能化交通服务平台，通过网络平台整合分散的交通服务资源，实现平台统一预约和预订。这些对旅游客运管理模式、经营模式和服务方式的探索，对于旅游客运行业更好地贴近市场需求，整合市场需求，满足市场需求大有裨益。

3. 旅游客运企业通过各地旅游客运社团组织及联盟式发展，"抱团"取暖

针对旅游客运企业规模普遍偏小、企业发展参差不齐等问题，在面临外部市场环境剧烈变化的背景下，在一些旅游客运业较为发达的重点区域，区内旅游客运企业开始探索联合合作发展的路径，抱团取暖。成立旅游客运联盟以及社团组织，在业务对接、资源共享方面互相借力，在市场上实行统一定价，杜绝低价竞争和恶性竞争。这些做法对稳定市场价格、维护市场秩序、提升服务质量具有积极的作用。例如江苏外汽联盟，由江苏省外事旅游汽车公司牵头，常州、徐州、苏州、镇江、扬州、南通、江阴等多家单位联合，进行行业自律、资源共享、呼吁政策，共同开发江苏市场，维护了江苏省旅游客运市场的秩序。同时，在云南、江西等地也成立了旅游客运方面的行业社团组织，极大地推动了旅游市场的发展，有利于稳定市场价格和市场秩序，共同应对面临的挑战。

4. 旅游客运企业运用互联网平台，整合新客源，提升服务效率

在"互联网＋"的技术背景下，如何利用互联网对传统的客运行业进行升级改造，是供给能否适应需求的关键。"互联网＋"给我国传统客运企业带来了一系列深刻的影响。传统客运企业面临着来自高铁、航空、轨道交通等交通方式的激烈竞争。在新的互联网模式下，乘客的需求、企业的服务模式、经营模式、政府的行业监管都发生了彻底的改变。面对这种颠覆性的变化，传统客运企业也纷纷开发网络平台，例如首汽集团推出了"首汽约车APP"，通过网络平台，实现车辆的预约，涉及指定驾驶员、批量用车、多日接送、代人叫车等多个细分领域的定制化服务。约车平台还构建了多元化的出行方案，包括了旅游客运的内容，例如构建了出租车、巴士、共享单车、短租、自驾等多元化的出行体验。在旅游客运领域，推出了大巴车、旅游包车、预约司机等业务。这种新探索缩短了业务流程，使得旅游客运企业直接面对网上客源，能够提供高效、及时、定制化的服务，同时也可以获取到对服务的实时反馈和评价，从而做出调整。

5. 探索"运游融合"新模式，适应消费升级

针对当前散客化趋势和旅居一体的旅游消费体验需求，无论是旅游客运企业还是传统客运企业都看好旅游领域的消费能力，积极探索"运游融合"的新模式，企图分一杯羹。首先，促进交通服务和旅游服务的融合。多个城市开展"运＋游"融合的新探索，开通了旅游直通车、旅游专线车、旅游巴士等服务。例如重庆旅投相继推出了20多条旅游直通车线路，覆盖全市周边100多个景区。又如洛阳投资6000万元建设洛阳旅游集散中心，并开通全市旅游景区直通车，实行旅游车辆统一安检、统一租用、统一调度、统一运价、统一服务标准、统一运费结算的"六统一"管理。其次，促进交通线路和旅游线路的融合。在当前线路型旅游产品备受青睐的形势下，各地涌现了大量的自驾大环线、小环线、风景线路、主题线路等，旅游客运企业合理调配运力，重点开展了落地包车线路、到重点旅游景区的旅游专线、围绕主要旅游风景道的旅游专线车等，推动了旅游线路同交通线路的融合。最后，交通节点与旅游集散点的融合。全国多个地方围绕机场、火车站、高速路服务区、高速路入口等交通客流密集的地区，设置了旅游集散中心、旅游咨询服务点，提供旅游咨询、查询、预订、购物等多种服务。

6. 多种途径，激发旅游客运人才队伍的积极性，助推高质量旅游

面对旅游客运行业存在的人才短缺、人才结构老化、人才流动性强、工资待遇不高等行业普遍存在的问题，旅游客运行业的一些企业开始积极探索新的人才培养和激励模式，例如通过加强培训提升驾驶员的安全意识、专业技能。通过制定企业管理的安全流程，防患于未然，避免出现重大安全事故。通过视频平台的实时监控，实现企业管理中枢同驾驶员的及时沟通和交流，及时排查各类安全隐患。此外，探索员工入股等新的管理模式，激发驾驶员参与企业经营的积极性和主动性，稳定人才队伍，实现服务质量的提升。例如，有企业采取了驾驶员参股的方式，共同购买车辆，并享有车辆的部分所有权，驾驶员分批偿还，最终获得车辆的全部所有权。一方面，减轻了企业和驾驶员购车负担；另一方面，也稳定了驾驶员队伍，激发了其提升服务质量的热情。

7. 整车制造及车辆配件设备智能化，推动车辆设备服务创新

欧洲是世界客车工业的发源地，以往我国高端客车及配件多依赖国外技术。但随着中国制造业的转型升级，中国客车工业正在快速崛起，中国客车制造企业宇通、金龙等也越来越多地活跃在国际舞台。智能制造技术水平的提升，大大推动了旅游客车整车制造和车辆配件的智能化、人性化水平。随着物联网、云计算、大数据和 AI 技术的进步，智能网联成为趋势，人们对高品质的旅游出行需求与日俱增，在"旅居一体"的旅游消费观念下，交通工具同时也是移动的度假设施。更安全的车辆工艺、更舒适的座椅、更宽敞的乘坐空间、更宽大的观景窗户、更丰富和便捷的车载互动娱乐设施都成为游客追求的目标。因此在深刻把握消费需求和旅游方式的转变之后，多个旅游客运企业积极更换车辆设备，增加购置中小型车辆的比例，定制更高端的车型，增加车载的娱乐和互动体验设施，积极购置新能源车辆，旨在为游客提供更舒适、更便捷、更安全的乘坐享受。同时，旅游客运行业意识到安全的重要性，在遵循交通客运行业的基本要求之外，还制定了安全驾驶的企业规范和流程，对驾驶员进行定期培训，购置具有安全装置的新型车辆等，保证驾驶安全。

（四）未来发展的新趋势

1. 出行领域新生态正在形成，旅游客运将成重要组成部分

当前出行领域正在经历风起云涌的快速变化，也是各路资本追逐的重要阵地。传统行业和传统模式的变革加速。在未来关于出行领域，将通过优化布局、突破壁垒、重整资源，构建起城市出租车、轨道交通、巴士、共享单车、短租、自驾等多元化的、"一揽子"的出行解决方案，最终将形成覆盖城乡的智能化综合交通网络。在智能化综合交通网络形成的过程中，各路资本、客车制造企业、零配件制造商、客运服务企业、旅游客运企业、互联网平台公司等构成了出行领域的新生态。在这个巨大的交通体系中，旅游客运企业完全可以立足专业化的旅游服务背景，做好高铁、民航等快速交通的落地接驳，实现城市到景区、景区到景区的无缝交通连接，同时还可以尝试在更多的细分市场例如会议接待、大型活动交通服务、亲子旅游、老年旅游等多个细分市场发力，甚至通过探索同旅游景区的深度合作，开辟全新的市场。因而，旅游这个市场

份额不会被替代，甚至还具有很大的潜力。在未来出行领域形成的新生态体系中，旅游客运仍然会占据重要的位置。

2. 客运同旅游的全方位融合大势所趋，蕴含巨大市场机会

未来旅游客运领域的竞争将更为激烈，但同时，客运行业同旅游行业的全方位深度融合，也蕴含巨大的市场机会。2018 年，我国国内旅游接待人数达到 55 亿人次，这个巨大的市场规模，需要更高效、便捷、精细化的服务。客运同旅游的全方位融合首先要突破交通管理体制和旅游管理体制的束缚，打破行业壁垒、地域阻隔，实现深度融合，这是未来的趋势。其次，立足旅游需求，梳理并重新组织"运游结合"的旅游休闲度假产业链条，提升定价权和价值链的组织能力。这意味着长期形成的旅游产业链在市场需求的冲击下，需要重新构建，旅游客运企业有望通过自身平台，提升自己作为客流量入口的导流能力。最后，深度融合还体现在客运企业同旅游企业在数据共享、精准营销等方面的全方位合作，这都蕴含着大量发展机会。

3. 适者生存，传统客运行业面临全面的转型和升级压力

面对不断迭代的技术条件和不断升级的旅游消费需求，传统旅游客运行业面临着来自高铁的挤压，同时在短途市场上又遭遇共享汽车、共享单车的围追堵截，可谓生存压力巨大。此外，客运企业纷纷盯紧旅游市场蛋糕，涉足旅游客运服务，市场竞争的格局突然放大，竞争态势激烈。旅游客运企业要想持久生存，必须进行全面的转型和创新。旅游客运企业要想实现转型升级，不仅要拥有互联网和平台化思维，还要全方位探索同旅游景区、度假区、旅游目的地、大型购物商圈、大型活动组织等的深度合作。提供多样化、个性化的服务，构建起多元化的盈利模式。同时，要进行服务模式的创新，要从传统的单一的接送旅客的服务方式改变为方便网上预约、及时服务、方便评价、快捷规范的高质量服务；进行管理模式创新，要针对互联网时代的去组织化、去中心化的潮流，在运输的组织、调度、匹配、人力投放等模式上实现供需的高效对接。

（五）政策建议

1. 促进公平竞争，加强行业监管

旅游客运行业属于旅游和客运行业的重叠交叉领域，在长期的发展中存在着一些

乱象。面对新的市场需求，进一步明确管理权责，在传统交通运输部门的管理之外，加强旅游等部门的业务管理。探索管理体制创新以适应产业融合发展的新态势，建立综合化的监管机制，实行多部门的联合执法。借助互联网等新的技术手段，推动行业监管方式向实时监管、视频监管、远程监管、平台监管发展。使用移动互联网、大数据、车联网等技术，实现人、车、物实时联通，提高监管效能，促进行业健康化发展。同时，在推动传统客运产业同旅游的融合方面，还要注意对各类企业一视同仁，破除行业壁垒，促进企业的公平竞争。

2. 完善旅游交通服务相关标准，推动旅游车辆和服务质量分级

当前游客对旅游客车设施和服务的要求在不断提升，需要更为精细化的服务。同时，针对旅游客运行业社会认知度低、旅游客车设施和服务质量感知模糊等问题，亟须加强对旅游客车、旅游客运企业、客车驾驶员、旅游客车服务人员的分级分类管理。在旅游客运方面，早在2010年我国已经制定了相关标准，例如《旅游客车设施与服务规范》和《旅游汽车公司资质等级划分》等。这两个标准就是针对旅游客车的设施和服务、旅游汽车公司的资质等进行了规范和引导，但当前标准执行并不尽如人意。因此当前迫切需要根据需求的新变化，借鉴多个发达国家和地区旅游交通服务的要求，制定、修订、完善旅游客运相关的标准，形成覆盖旅游客运车辆、旅游客运企业、旅游客运从业人员的标准体系，推动旅游客运企业的资质认定和等级划分、旅游客运车辆的等级划分、推动旅游客运驾驶员的等级资格认证，引导整个行业的规范有序发展。

3. 齐抓共管，整顿行业秩序，保证旅游安全

近年来，旅游客运行业的交通事故频发，群死群伤事件涉及人数多、社会影响恶劣，对行业和企业发展带来巨大冲击。安全问题成为旅游客运行业健康发展的首要问题。但是，旅游客运行业的安全问题和旅游客运市场的混乱、不规范经营密不可分。不进行系统的治理和整顿，是无法根除这种乱象的。因此需要交通和旅游主管部门、行业协会、旅游企业、客车驾驶员、车辆生产企业等多方面提升安全意识，规范操作流程，增设安全设备、加强安全监管，促进行业的长期健康发展。

中国旅游客运行业安全报告（2018—2019）

一、旅游客运行业面临的安全形势

当前，随着我国道路通车里程不断增加，居民汽车保有量和驾驶员数量的快速增长，商业、文化和旅游交流日益频繁等背景下，我国道路交通安全面临着前所未有的挑战。在大众旅游飞速发展的时代，旅游活动已经成为人们美好生活的重要内容。如果在旅游过程中，不能保证游客的人身和财产安全，将会造成不可估量的人员和财产损失，对个人来说不仅会酿成悲剧，也有损于旅游企业的经营，更谈不上整体产业的健康和高质量发展。

旅游交通是旅游产业链中的基础环节，当前随着高铁、高速、民航等的快速发展，旅游出行更为便捷，旅游出行人群更为庞大，旅游出游时间段集中，淡旺季明显，致使旅游交通环节成为旅游安全事故多发领域。特别是旅游客运行业，以大中型客车居多，旅游交通服务方式多采取包车形式，团队出游，如果一旦出现问题，更是容易酿成多人死伤的重大安全事故。近年来，旅游客运车辆交通事故时有发生，引起社会和主管部门的高度关注。因为驾驶员超速行驶、疲劳驾驶、游客不系安全带、车辆年久失修、车辆违规经营等多种问题，导致重大交通事故，造成超过十人死亡的重大事故曾在多地发生，凸显出道路交通安全的严峻形势。据公安部交管局统计，仅 2017 年前三个季度，全国共接报涉及人员伤亡的旅游客运车辆道路交通事故 189 起，造成 87 人死亡，377 人受伤，直接财产损失 578 万元。如何建立旅游客运市场的长效安全监管机制，不断规范和完善旅游客运市场管理，成为政府主管部门、旅游行业协会、旅游客运企业以及社会公众共同关心的问题。

近年来，针对旅游客运行业安全问题，公安部、交通运输部、文化和旅游部等都高度重视，发布了一系列的文件、规定、要求，下大力气进行了联合治理、专项整治。2016 年，国家旅游局、交通运输部发布《关于进一步规范导游专座等有关事宜的通知》，要求旅游客运车辆要设置"导游专座""确保车内逃生通道顺畅""加强导游和司机的安全教育"等。2018 年，针对旅游客运企业发生的重大安全事故，公安部交管局曾曝光旅游客车"四大乱象"，包括车辆失管失控存隐患、违法驾驶乱象突出、不系安全带现象突出、非法运营乱象突出等。这些乱象深刻反映出当前旅游客运市场存在的突出问题。鉴于此，公安部交管局开展重点检查行动，并联合交通运输、旅游、安监等部门，统一行动，严格动态监控措施、严管隐患突出企业、严查交通违法行为。交通运输部针对大客车发布了新规，规定自 2018 年 4 月起，车长大于 9 米的营运客车新车生产都需要装备车道偏离预警系统（LDW）和自动紧急制动系统（AEB）的前碰撞预警系统。2019 年 4 月，文化和旅游部印发《关于进一步做好旅游安全工作的通知》，要求各地加强组织领导，落实安全监管责任；围绕重点环节，深入开展排查整治；强化预警发布，做好宣传教育引导；严格值班值守，提高应急处置水平。希望能够有效遏制旅游重特大事故发展，确保全国旅游安全形势平稳有序。《通知》中特别提出要"强化旅游包车管理"，督促旅行社选用正规汽车公司，与交通、公安等部门联合开展排查整治。

旅游客运安全事故牵涉旅游者、驾驶员、旅游客运公司、旅游客运行业等多方利益，需要各级公安部门、交通运输部门、安全监督部门、文化和旅游部门、行业协会、企业和个人的共同关注，齐抓共管，才能防患于未然，排除安全隐患，制定应急预案，遏制重大安全事故的发生。

二、旅游客运行业安全工作的主要特点

（一）旅游客运安全事故伤亡人数多，社会影响较大

旅游客运行业因其多为大中型客车，多以十几到几十人的团队出游为主，一旦发生安全事故，极容易造成群死群伤，危及旅游者的生命安全和财产安全，伤亡率较高，社会关注度高，影响较为恶劣。在近年来发生的几起重大安全事故中，死亡人数 10 人以上的重大安全事故屡见不鲜，受伤人数最多达到几十人。同时，旅游客运企业以中

小企业为主，企业实力有限，司机薪资水平不高，一旦出现事故，对于肇事的司机和企业来说，就意味着灭顶之灾，严重影响行业的发展。

（二）旅游客运面临内外部环境较为复杂，安全风险防控难度大

旅游客运行业同其他客运行业相比，有其突出的特点，面临较为复杂的内外部环境，安全风险防控难度大。首先，旅游客运线路并不固定，要面临不断变化的气候条件，较为复杂的路况，景区山区路段较多，增加了实际驾驶中的困难。其次，旅游交通需求淡旺季明显，旺季旅游交通需求非常旺盛，面对汹涌而来的市场需求，旅游客运企业也存在满负荷甚至超负荷运行的状况，极容易造成司机的疲劳驾驶、车辆的过度使用，特别容易导致事故发生。再次，在一些不太成熟的旅游景区，缺乏相应的标识标牌、警示标志不突出、路段维护不及时，安全隐患突出。最后，从内部因素讲，旅游客运行业司机驾照要求较高，整体薪资水平较低，驾驶员工作积极性不高、企业为节约成本也存在安全意识淡漠、安全培训不到位等问题，这些内外因一起，都使得旅游客运安全问题更为复杂，安全风险防控难度大。

（三）旅游客运的市场秩序混乱，导致安全隐患突出

当前，旅游客运市场秩序混乱，导致安全隐患较为突出。首先，旅游客运行业长期以来处于旅游产业链的末端，议价能力较低，依赖旅行社招徕客源，整体盈利水平低。特别是在当前在中长途受到高铁、民航等冲击，短途市场受到城市轨道交通和私家车等冲击下，市场空间大大受到挤压，已经属于微利行业，甚至很多企业还在艰难求生。在这种情况下，容易导致安全意识淡漠、忽视安全教育和安全管理，不按照安全流程操作，为降低企业成本而采取不规范的操作等问题。其次，从旅游客运经营来看，市场上存在无营运手续或者手续不全的车辆从事旅游接待，利用低价竞争承接旅游包车业务等，不仅严重扰乱了市场正常秩序，同时也存在大量的安全隐患，例如这些车辆外观差、零件老化、司机技术不过关、没有完善的车辆保修制度，缺乏保养等问题。再次，从旅游客运经营模式来看，也存在兼营的特点，特别是在转型期，企业多种业务穿插进行，如果缺乏有效管理，容易产生安全事故。最后，旅游客运行业驾驶员收入较低、流动性较强，具有长期从业经验的人员少，很多新司机处理危机能力

较差，容易发生事故。

（四）旅游客运行业保险意识淡漠，应急处置能力差，增加了安全风险

一些旅游客运企业在经营过程中，安全意识和安全工作不到位，除了强制性的保险，购买商业保险的意识较为淡薄，对安全问题和隐患缺乏敏感性和预见性，应急处置能力较差，人员经验不足，导致发生安全事故后，损失较为惨重。

三、旅游客运安全保障的主要措施

（一）创新安全管理模式，提升安全管理水平

1. 建立健全安全管理制度体系

安全管理体系具体的内容涵盖企业安全生产责任制度、安全生产例会制度、人员管理及安全教育培训制度，车辆管理制度、行车操作规程、安全生产监督检查和事故排查制度、旅游客车服务标准流程、车辆事故报告和处理制度、安全管理目标考核奖惩制度、车辆动态（GPS）监控管理制度、应急预案、员工手册、党员示范车队手册等。

2. 实施驾驶员安全主体责任制

推行驾驶员安全生产主体责任制模式，即客运车辆驾驶员对本客运车辆承担安全生产主体责任。驾驶员应自觉遵守国家的交通法规和安全生产法规，严格遵守交通规则，文明行车，自觉遵守安全生产操作规程和客运车辆驾驶操作规程，遵守企业的各项规章制度。严禁酒驾、严禁毒驾、严禁开带病车、严禁开赌气车、严禁擅自将客运车辆交给不符合准驾资格或无从业资格证、未经过企业考核合格的人员驾驶。

3. 引入人员密集型场所消防安全管理模式

客运车辆属于有限范围内人员密集型场所，一旦发生火灾，容易发生群死群伤事故。根据《中华人民共和国消防法》的规定，客运企业引入人员密集型场所消防安全管理模式，必须做好消防安全防范措施，保证客运车辆配置的发动机爆破式灭火器、车内灭火器、逃生锤、安全门、安全窗等消防安全设施设备齐全有效。加强对易燃易爆危险物品的安全管理，加强对人员密集场所的消防安全疏散管理，逃生标志标识清

楚，保障疏散通道和安全出口畅通，提高旅客的逃生自救能力，预防和减少火灾人员伤亡，确保人民群众生命财产的安全。

4.强化企业风险隐患排查管理

形成防范化解安全生产重大风险分析报告，认真分析本单位生产经营领域内的规律和特点，梳理企业行业领域内易导致重特大事故的安全风险情况，细化高风险部位的范围和对象，明确防范化解风险的人防、物防、技防措施，形成《防范化解安全生产重大风险风险报告》。

安全隐患排查后，要形成三个清单：（1）全面排查，建立安全风险管控责任清单。按照分级负责，自行管理原则，按照安全风险评估、隐患排查治理等相关的法律法规、规范规程和技术标准要求，全面组织排查事故易发的重点场所、要害部位、关键环节、高风险设备，建立《安全生产管控责任清单》；（2）了解生产经营特点，建立重点监管对象清单。全面了解落实经营单位的高风险设备、场所、部位的主体责任，作为重点监控对象，建立《重点监管对象清单》；（3）明确责任，建立高风险单位监管责任清单。按照党政同责、一岗双责、安全生产"三个必须"等的相关要求，逐企、逐部、逐人落实领导责任，落实安全生产责任主体，落实安全生产监督管理责任，建立《高风险单位安全监管责任清单》，营造安全管理的高压态势。

5.落实应急救援管理体系

及时进行修订制定的《突发事件应急预案》、《重、特大交通事故处理预案》、《春运、黄金周安全维稳（反恐）工作应急预案》、《交通事故处理操作规范》等规章制度。定期开展安全生产应急演练，普及应急知识，提高员工风险防范意识和事故救援的应对能力和可行性。

（二）加强安全责任的宣传，健全安全管理体系

1.树立"安全隐患就是事故"的安全管理理念

加强安全生产全员、全过程、全方位管理，在安全管理"事前、事中、事后"的全过程中，重点加大事前管理力度，树立安全隐患就是事故的安全管理理念，力争把安全生产事故隐患消灭在萌芽之中，有效防范安全风险。客运车辆的不安全技术状态，驾驶员的不安全行为和管理上的不作为，是引发安全事故的直接原因。要运用监测监

控手段；管理的手段；技术手段；排查手段；做好预防隐患的工作，防止隐患存在。这就要求我们在管理、车辆运行、驾驶员的安全学习教育和提高安全意识等生产过程中不留下隐患。开展经常性安全检查，及时整改隐患，不给隐患有存在和发展的空间和机会。不断进行整治或采取有效安全措施，防止事故的发生。

2. 严格落实全员安全培训工作

强化安全运营意识，严格落实全员的安全培训工作，坚持每月召开一次安委会例会；坚持每月一次对安全管理人员、驾驶员进行培训；坚持新进驾驶员的培训；坚持事故、违章驾驶员的重点培训；坚持做好重大活动用车保障任务的专题培训；坚持做好暑期、冬季安全营运的培训。

3. 开展定期主题安全宣传工作

开展形式多样的安全主题活动，如道路平安年、安全生产月、安全知识竞赛等，动员广大驾驶员争当"技术标兵"、引导管理人员争当"管理能手"；创建安全文化阵地，渲染安全运行氛围，针对机动车驾驶员，以安全标语、安全海报、安全展板专栏等形式宣传，加强对职业安全的全面主题宣传。

（三）加强日常安全工作，落实安全责任制度

1. 加强对安全管理人员的安全文化培训

管理人员的文化是安全管理的前提，着重培育安全管理人员的工作责任心、系统培训安全管理人员的文化知识、提升安全管理人员的协调沟通能力、提升安全管理人员的心理素质。建立定期车辆事故报告和处理制度，建立员工安全手册，建立安全应急预案机制。

安全学习和教育培训是减少事故的根本性对策。对驾驶员的安全管理，提高驾驶员的安全意识，安全学习教育培训是重要抓手，是安全管理的重要手段，是减少事故的源头。安全生产管理人员不把安全学习教育培训工作做好，安全学习教育培训制度不落实或落实不到位，本身就是失职，就是重大的安全隐患。全员综合安全素质的提高会推动整个单位的安全管理水平上升，而在此之中，安全学习教育培训起着极其重要的作用。

2. 强化对驾驶员的安全知识培训工作

旅游客运企业要着重对旅游包车的驾驶员、导游开展专门的警示教育，剖析典型事故案例，宣讲易燃易爆危险品等违禁物品对公共安全的危害，邀请当地公安机关或有关专家开展常见违禁物品的识别、基本处置要求培训。要结合从业人员日常培训和继续教育，推动违禁物品识别和应急处置培训常态化。同时，旅游客运企业要结合正在开展的营运驾驶员安全文明驾驶教育培训专项行动，进一步加强驾驶员安全文明意识、安全驾驶技能和应急处置能力的培训。

客运驾驶员岗前培训的主要内容包括：道路交通安全和安全生产相关法律法规、安全行车知识和技能、交通事故案例警示教育等。企业建立了客运驾驶员安全教育培训及考核制度，对客运驾驶员进行统一培训，安全教育培训每月不少于1次，每次不少于2学时。利用旅游淡季，采用"请进来、走出去"的方式，即专业人员（运管、交警、安全教育培训师和其他法律工作者）上课，组织企业管理人员和驾驶员到交通安全警示教育基地参加安全警示教育活动，开展安全生产的宣传教育活动，都取得了显著的效果。

驾驶员在营运活动中，应当严格做到客运车辆的日常维护和定期保养、勤维护，及时发现并排除客运车辆安全隐患和故障，按规定进行例保和春运检测等达到合格，确保投入客运车辆必须符合中华人民共和国 GB 7258—2017《机动车运行安全技术条件》的要求，按时进行年检，持有效证件方准投入年度营运，保证运营客运车辆处于安全和良好运行状态。

3. 加强对驾驶员的动态管理和安全责任落实监督

驾驶员必须具备优秀的职业道德、过硬的身体素质、良好的心理素质、优良的驾驶习惯，提高驾驶员遵纪守法的自觉性，在此基础上，还要做好驾驶员的动态管理和安全责任落实，加强对 GPS 系统监管和视频监控、警示，狠抓安全责任追究制度，加强人防与技防相结合，坚持对新进驾驶员的系统培训，坚持对事故、违章驾驶员的重点培训，严把事故防控关键环节，落实安全管理目标考核奖惩制度，将安全责任落到实处。严格实行年度安全生产目标管理绩效考核制度，对驾驶员的基础管理和指标完成情况进行综合考核，并将奖惩机制落到实处。

在旅游客车的运行过程中，客运企业要严格对照《道路旅客运输企业安全管理规范》，开展针对性的排查和整改落实，进一步强化安全生产基础保障，健全安全生产责任体系，完善安全管理制度，强化安全风险管理和隐患排查治理，及时消除各类安全隐患；要严格按照《道路运输车辆动态监督管理办法》，加强对所属旅游客运、包车客运车辆和驾驶员的动态监控，及时发现和纠正旅游包车脱离动态监控、异地经营和驾驶员超速行驶、疲劳驾驶等违法行为。

4．落实各项安全防范措施

建立安全生产监督检查和事故排查制度，加强安全检查力度和隐患排查强度；积极开展旅游客运线路风险管控，提高事故风险防控能力；实施隐患排查治理，有效保证旅游运营安全；严格执行车辆事故报告和处理制度，及时总结安全防范经验和教训。

旅游客运企业应当按规定做好出车前、行车中和收车后的技术状况检查，确保旅游包车应急装置、安全设施等技术状况良好，督促旅游包车驾驶员在发车前做出安全承诺或者播放安全告知、安全带宣传等音像资料，提醒旅客禁止携带违禁物品乘车、行车中系好安全带，并确保驾驶安全。导游和旅游包车驾驶员在运输过程中发现旅客携带违禁物品的，应当及时处置，对当事人进行劝阻，经劝阻无效的，及时向公安机关报告。对非法携带违禁物品乘坐交通工具，构成违反治安管理行为的旅客，由公安机关依法处理；构成犯罪的，依法追究刑事责任。

四、旅游客运安全管理的典型案例

课题组在走访多家旅游汽车公司，开展深度调研和访谈的基础上，总结提炼了以下七个企业安全管理方面的富有成效的做法，作为经典案例，以期为旅游客运行业的安全保障工作提供可资借鉴的经验。

案例一：锦江商旅汽车服务股份有限公司

案例二：陕西省旅游汽车公司

案例三：重庆市汽车运输集团旅游客运有限公司

案例四：北京北汽出租汽车集团有限责任公司

案例五：青岛旅游汽车有限公司

案例六：苏州市外事旅游车船有限公司

案例七：云南旅游汽车有限公司

【案例一】锦江商旅：加强客运企业安全管理经验交流

以习近平新时代中国特色社会主义思想为指导，深入宣传贯彻中国共产党第十九次全国代表大会精神，以"生命至上、安全发展"为主题，以强化安全红线意识、落实安全责任、推进依法治理、深化专项整治、深化改革创新等为重点内容，为促进安全生产形势持续稳定好转，推动公司落实安全生产主体责任，在公司内凝聚弘扬安全发展理念、支持安全生产的共识，为防范遏制重特大事故，坚守安全红线，担当安全责任，有效地提升了锦江商旅在安全营运管理工作的能力，为公司实现安全生产可控性、持续性、稳定性管理夯实基础。

锦江商旅公司拥有尼奥普兰、丰田考斯特、宇通、金龙等各类合资中、高档大客车近1200辆，客位数4.5万余个，职工1400余人，年行驶3000多万公里，服务约1050万人次。除长途班车外，其余80%以上为商务包车。

在开展2019年"安全生产万里行"活动中，商旅公司以落实安全主体责任机制为中心，进一步强化营运安全监督管理能力；以安全工作责任制为抓手，坚持抓好"一个中心两个环节"：一是以抓好驾驶员安全教育和安全培训工作为中心，充分发挥我们安全教育作用和功能，提高全体驾驶员遵纪守法的自觉性。二是抓好驾驶员动态管理和落实各项安全防范措施，加强对GPS系统监管和视频监控、警示，以及加强安全检查力度和隐患排查强度，狠抓安全责任追究制度，加强人防与技防相结合。

公司年平均总行驶3000多万公里，公司从2002年成立以来，未发生重大行车事故，得到用车单位和社会的好评，多次完成市政府交给的重大接待任务。多年被上海市评为安全行车管理先进单位的称号。被评为车辆单位安全资信五星级单位的称号。在上海道路交通大整治活动中，积极参与和自觉制止交通违法行为，全年实现道路营运安全可控，确保了一方平安。下面简单介绍如何抓好安全行车工作。

（一）安全管理重点工作

公司始终坚持"安全第一、预防为主、综合治理"安全方针，建立健全各类安全制度，落实各类安全保障，党政工团齐抓共管，营造良好氛围。

1. 强化安全生产责任意识，建立各级安全责任制

公司制定各级安全岗位职责，层层签订年度安全工作责任书及公司职能部门、各经营单位和部门安全生产考核细则。通过加强监管指导和安全宣传，指导督促各经营单位和部门全面贯彻交通安全法律、法规，完善交通安全责任制考核，把交通安全工作落实到部门、班组和岗位，全面落实经营单位主体责任。

2. 完善各项安全管理制度，保障生产经营安全有序

公司建立安全行车管理、事故驾驶员管理、驾驶员安全操作规程、重点驾驶员管理、交通安全责任制、安全责任追究制、安全隐患排查等多项管理制度，并按制度要求深入贯彻，严格执行，有章可循，有法可依，保障交通安全有序。

3. 强化安全教育和培训，构建完善的安全教育体系

针对驾驶员队伍流动分散、点多面广、单兵作战的现状，公司构建制度化、系统化、规范化、网络化的安全教育管理体系，组建安全学习大组，实行"四定一建"，既：定学习大组长，定学习地点时间，定学习内容，定学习台账，建立学习考核奖惩办法，每月学习活动两次，一是结合班组特点进行安全学习交流，查找隐患，二是安全行车形势教育和事故分析，培训及补课率达到100%，有效提高广大驾驶员的安全责任意识和遵纪守法的自觉性，同时提高整个驾驶员队伍素质，降低事故风险。

4. 人防技防相结合，提高安全管理科技手段

公司早在2003年即建立了GPS系统监控，对营运车辆实时监控。在日常管理中针对不同业务及路况设定车辆最高限速，由系统对超速自动报警，对多次超速的由管理人员发出警告，遇气候、道路变化的，管理人员及时提醒。公司设GPS网络专管员对车辆进行24小时实时监控。对发现的交通违法和违规行为，及时进行教育和扣奖处理，杜绝了个别驾驶员的侥幸心理。职能部门及分公司根据需要进行同步视频监。加强人防技防相结合，提高安全管理科技手段，推动安全管理科学化、标准化。

5. 严把新进驾驶员准入关，确保从业人员基本素质

公司制订新进驾驶员操作流程和规定，严格执行政审和体检，并重点考察历史安全行车记录、交通违法违纪情况，以及有无不良习惯和嗜好。通过驾驶技能考核后再进行为期一月的法律法规、职业道德、安全知识、应急处置、企业管理等各项知识的培训和带教，以保证新进人员的基本素质到位。新驾驶员上岗后由用人单位评定，由人事部进行跟踪考察，对不适应岗位要求的进行调整。

6. 完善安全应急管理，提高突发事件处置能力

公司完善各项安全应急管理制度，建立了车辆停放火警应急预案、加油站火警应急预案、车辆行驶火警应急预案、车辆乘客逃生应急预案、车辆留有可疑物品应急预案、车辆发生交通事故应急预案、预防恐怖袭击应急预案等。每年开展两次应急演练，提高预案的可操作性，提高广大员工安全意识和突发事件的处置能力，同时，提高广大员工的消防"四个能力"。通过应急预案演练，整合现有突发事件应急救援资源，建立分工明确、责任到人、优势互补、常备不懈的应急救援保障体系。

7. 加大安全隐患排查整改力度，切实消除各类事故隐患

每月开展一次重大事故隐患和重大危险源的普查工作。重点是对车辆保险带、车载灭火机、应急锤等安全专项整治。对发现的安全隐患下发整改通知书，及时消除安全隐患。依据上级新要求，我们专门制定了锦江商旅公司"安全隐患排查制度"增加了对毒驾、牌瘾、网瘾、疲劳、家庭矛盾等人员安全隐患排查，并向驾驶员家属发放"告驾驶员家属公开信"动员家属一起关心支持安全行车工作，配合做好驾驶员督促和劝说工作，现在按规范每月进行一次综合隐患排查，及时发现安全隐患，消除各类安全隐患，防止交通事故的发生。

8. 建立安全激励机制，鼓励驾驶员开好安全车

对驾驶员交通违法和交通事故公司除按规章制度进行处理外，我公司还推行了安全激励措施，对驾驶员的交通违法行为和交通事故进行量化考核，月内做到行车安全的发放200元单项安全奖，对年内无事故和无交通违法的驾驶员进行嘉奖，第一年500元、第二年800元、第三年1000元，奖励额逐年递增，鼓励驾驶员严格遵守交通规则，开好安全车。安全激励机制也激发了驾驶员竞相比降违法，防事故，争高奖励的积极性。经过多年的运行，驾驶员无事故无违章的比例逐年提高，93%获得奖励，有效保证公司安全目标的实现。

9. 实行销售业务的安全风险评估，降低安全行车风险

公司在承接业务时引入安全风险评估，即对地域、路况、气候、可能遇到的灾害、客户对象、工作强度进行分析评估，对安全风险较大的业务原则上不承接，无法推脱的业务则落实专人负责，提前勘察线路，制定相应防范措施，并加强现场管理，确保

安全运营。公司所有的商务包车线路都进行道路勘测和危险路段安全评估，并将安全行驶路况信息公布上墙。

10. 加强车辆机务管理，提高安全行车保证

公司车辆全部由公司自有修理厂和分公司修理班组进行维护和修理。公司建立完善的车辆保养和车辆管理规程，严格执行车辆例保和一、二级保养，确保车况始终保持良好状况，公司修理厂实施车辆检查、修理，以及车辆整修。公司车辆安全检测线和综合检测线实施车辆检测，严格控制检测质量，不达标不出场，严格执行"谁盖章、谁负责"原则。并做到重大任务，做到一车一检。

11. 创新班组标准化建设，夯实安全管理基础

锦江商旅经营业务以商务包车为主，班车点100多个，规模从1辆到50辆不等，呈现点多、线长、面广、集中难的特点，公司以班组建设为抓手，提高驾驶员队伍整体素质，进而推动安全行车工作稳步发展。从2005年起，公司推行了品牌班组达标和达标班组创星级活动，制定了达标班组创建和考核标准，将安全管理、服务质量、企业文化、品牌创建融入班组创建工作中。在班组达标创建中，安全事故和服务质量事故都属于一票否决项，蓬勃开展的班组创建活动提高了班组自我管理，创新管理的能力，形成积极向上的良好氛围。班组建设工作卓有成效，十余家班组获"上海市用户满意服务明星班组"和"上海工人先锋号"称号，以及"全国模范职工小家"称号。公司的安全行车工作也在班组建设过程中取得新的成效。

12. 抓好主动防御系统监控，消除重大事故发生隐患

针对近年来科技水平的不断发展，手机性能越来越高，人们已离不开手机了，由于行人看手机发生道路交通事故死亡不计其数，另外因大客车驾驶员游览电子设备或接听手机原因，全国范围已造成多起重特大道路交通事故，给人民生命和财产造成重大损失，对社会稳定造成严重影响，为解决驾驶员行驶途中接听手机或游览电子设备，公司专门在营运车内安装专用手机存放盒，便于视频监控，并制订安全管理措施，有效防止驾驶员打手机或游览电子设备，违法行为大为减少，同样降低道路事故发生率。

（二）2019 年交通安全管理目标

（1）根据客运企业安全管理规范要求，完善和建立健全安全管理基本制度。安全

制度包括有安全生产基础保障、安全生产目标与职责、安全生产制度、客运驾驶员管理、车辆管理制度、动态监管、安全隐患排查治理和风险管控、运输组织管理、安全生产操作规程、安全生产绩效管理等十三大项安全规范台账，使安全生产管理规范化、科学化、标准化，保证各项安全生产管理工作有序开展。

（2）在2019年安全管理基层上，及一步强化交通安全管理，做到月月有计划，周周有安排，将安全管理工作做细做深，以安全工作责任制为抓手，坚持抓好一个中心两个环节，一个中心抓好驾驶员安全教育，充分发挥安全教育网络作用和功能，提高全体驾驶员遵纪守法的自觉性。两个环节一是加强驾驶员的动态管理，对GPS系统监管和视频监控、警示。二是落实各类安全防范措施，加强安全检查力度。公司严格执行安全责任追究制度，加强人防与技防相结合，不断完善监管机制，确保一方平安。

（3）强化驾驶员安全培训，开展事故预防专题教育，提高驾驶员底线意识和应变能力，严格执行凌晨2点至5点营运车辆停运规定，防止疲劳驾驶，杜绝事故发生。开展安全隐患排查，按照运管部门的"84220"要求，驾驶员必须不折不扣执行。

（4）按照市委继续把交通违法行为大整治列为全市补短板的重要任务，要以新的《上海市道路交通管理条例》实施为契机，乘势而上、持续用力，一抓到底、久久为功，实现交通秩序根本性的好转的总体要求。继续发扬锦江商旅精神，恪守驾驶员职业道德，贯彻执行新的"上海市道路交通管理条例"，行车中坚决做到"有礼让无礼"和"礼让三先"的原则，我们的口号是"允许他人犯错误，不许自己犯错误"，为创造良好的道路交通环境开好安全车。

（5）全面贯彻党的十九届三中全会精神，认真落实《中共中央、国务院关于推进安全生产领域改革发展的意见》切实增强红线意识和底线思维，通过开展2019"防风险保平安、迎大庆护进博"活动和锦江商旅班组标准化建设活动，努力实现营运驾驶员综合素质明显提高，营运车辆安全性能大幅度提升，安全生产管理进一步规范，科技支撑作用充分发挥，安全生产主体责任有效落实，安全生产保障能力显著增强，重大交通事故得到有效遏制，安全行车形势继续稳定向好、可控。为迎接国庆七十大庆和第二届中国国际进口博览会胜利召开尽我们绵薄之力。

【案例二】陕西旅汽：安全第一、预防为主、明晰责任、齐抓共管

安全是客运企业的生命线，安全也是客运企业永恒的管理课题。随着旅游业的不断发展，旅游客运安全管理不断呈现出新的问题和矛盾。出行人数增多，出行线路多样，道路情况复杂多变，驾驶员素质的良莠不齐使得安全管理的难度和风险不断增大。情况变了，安全管理的方式方法就必须变，否则就要被市场淘汰、被现实淘汰。所以，我们在"创新"中探索安全管理的发展道路，通过在工作机制上创新，在监管方式上创新，在抓落实上创新，从而进一步落实主体责任，建立起"精、细、严、实"的企业安全生产管理机制，使陕旅汽车公司安全管理工作取得优异的成绩，获得全国"安康杯"及多项奖励表彰。

（一）细化量化落实主体责任，实施车辆安全包干管理

在管理中我们针对旅游车辆分散经营的特点，采取了一些切合实际的创新举措。实行车辆安全包干管理，建立考核制度，将其列为岗位绩效考核的一项内容，由公司绩效考核小组按季考核，监督实施，奖优罚劣，并将考评结果作为公司下年度其岗位聘用的评价和依据。开展"结对子交朋友，拉家常暖人心"活动，管理人员与其管理的驾驶人员进行常态化的交流和互动，从而了解和掌握驾驶员家庭情况、休息情况、思想动态及经营状况等，解决他们的后顾之忧和家庭纠纷，对困难驾驶员进行经济上的帮扶，做他们的知心朋友，在企业和基层、驾驶员之间搭建起沟通的桥梁和纽带，也使得我们的安全管理更具人性化和针对性。

（二）深化驾驶员管理，严把事故防控关键环节

作为道路交通事故预防中的决定性因素，驾驶员的驾驶水平和安全意识直接影响到客运运输安全。为此，我们从提高驾驶员从业资格的门槛，强化驾驶员安全自律意识，提高驾驶员安全素质，强化驾驶员运行途中安全监管，严厉整治和处罚违规方面做文章，花力气，想办法，细化完善驾驶员队伍的准入审查、能力培训、事中监管、奖惩退出等四大机制，从而把住事故防控关键环节。

　　严格准入审查，细化强化准入门槛，从严选拔，从理论考试和驾驶技能两方面对驾驶员进行了考核，在准入条件、准入范围、准入程序以及以往驾驶经历等方面都制定了详细的规定和操作规范，通过资格审定、技术考核和岗前培训筛选出优秀的驾驶员，确保了驾驶员队伍思想过硬、技术过关、综合素质全面，从源头上降低了风险隐患。

　　严格培训教育，在日常的教育培训中做到"四个结合"，把集中教育与个别提醒相结合，把日常教育与专题教育相结合，把经营行为与优质服务相结合，把安全管理与经济效益相结合。同时创新开展了驾驶员季度专题培训，采用集中授课的方式对驾驶员进行最新行业政策解释，交通安全法律法规学习、典型交通事故案例分析、交通安全文明驾驶知识培训。在培训中，我们注重专家教学，聘请的讲师均为行业管理的专业人士和大学讲师；注重充实培训内容，使授课与驾驶员的实际需求更紧密地结合，驾驶人员参与的积极性明显增强，培训的针对性和实效性得到很好的保障。此外，我们还汇集编订了《驾驶员安全行车知识手册》，内容涵盖国家和行业法律法规、公司安全管理制度、服务质量管理、车辆技术维护以及行车安全指南等知识，做到人手一册，成为驾驶员身边的"常备药"和"小字典"。这些措施使广大驾驶员增强了安全防范意识，从思想上构筑了坚实的安全堤防。

　　严格事前监管，事中防范，公司坚持"重心下移、关口前移"，狠抓驾驶员管理，根据旅游驾驶岗位特点，细化安全驾驶岗位操作规程及安全防范与应急处置措施，全面推行驾驶岗位标准化规范化操作，通过月度综合检查、节前检查、专项检查、路检路查、行为安全审核、动态视频监控等各类检查方式各种方法和手段监督驾驶员严格执行和落实。通过采取严格的纪律约束，加强驾驶员运行途中安全监管，严格做到事前预防、事中预警、事后追究，切实减少诱发事故的违法危险驾驶行为。

　　严格考核，奖罚分明。公司完善了违法违规驾驶员退出机制，细化了《旅游客运驾驶员从业行为定期考核制度》，出台了《旅游客运驾驶员安全行车动态考核办法和考核标准》，进一步细化、量化驾驶员安全行为考核标准，每3个月要对驾驶员安全生产行为进行统一考核。安技部每月通过省市机动车违法信息查询平台、主动到有关部门查询驾驶员的违法和事故信息等方式进行收集统计，及时对违法驾驶员进行针对性地教育和处理，同时将驾驶员从业行为定期考核的结果应与公司安全生产奖惩制度挂钩。

通过实施驾驶员安全定期考核与驾驶员辞退奖励机制相结合的方式，引导和约束了驾驶员规范遵守道路交通安全法律法规，减少诱发事故的违法危险驾驶行为，从而提高防控事故的效果。

（三）积极开展旅游客运线路风险管控，提高事故风险防控能力

针对旅游客运车辆运行线路广泛、运行跨度大、无固定站点、经常去周边的"山水"旅游的景点，这些景点因为地理位置的关系，旅游运行线路临山临崖，急弯、陡坡等路段较多，这些路段由于维护不力等多方面的原因，道路安全防范配套设施差，警示标志标识不全，安全隐患突出。

为防范此类风险，我们编制行车路书，实施危险线路风险管控。针对旅游客运点多、面长、线路广的经营特点，在危险源识别和风险控制方面，将陕西东、南、西、北四个方向共112个旅游线路逐个进行确认，对所有旅游营运线路途经高速、国道、省道、山区、陡坡、急转弯、事故易发路段等重要危险路段进行摸排，编制为驾驶员行车有参考价值的路况信息和行车路书，增强驾驶人员的事前防范意识，熟练掌握行车过程中对路况和障碍的应急处理能力，减少事故的发生。

根据长短途线路特点，实施分类风险管控办法。结合旅游客运行业不同线路状况和安全防范特点，对于短途旅游，发车前由分公司对驾驶员实施电话告诫，交代路况、天气状况、提醒驾驶员安全驾驶。对于长途线路旅游车辆由公司动态监控中心作为重点监控车辆，密切观察运行状态，对超速、疲劳驾驶行为做到立即警示干预。对于跨省旅游包车业务在办理包车牌手续上制定了《省际包车安全管理规定》，按照"谁办理，谁负责"的原则，进行省际包车客运标志牌的打印、发放、回收、核销和管理，建立管理台账，严格办理程序，明确申领条件和所需资料，车辆分公司与正副驾驶员面对面安全谈话，签订安全责任书，并在运行途中严格落实"84220"规定和每日电话安全警示、提示。同时旅游车辆参加"春运""十一"等重大节假日运输任务时要求分公司派人指导、提醒驾驶员运行途中事故防范重点，从而降低运输风险、预防事故的发生。

实行旅游车辆定人定车管理。制作旅游驾驶员服务监督卡，建立驾驶员科学、有序的流动机制，遏制驾驶员私自流动、擅自私下替换替班驾驶员所造成的安全隐患，

切实做到旅游客运"人、车、卡"相符，不断提升我司的安全管理水平和服务质量。

完善各类运输保险，有效抵御事故风险能力。我们目前所属的旅游车辆实行保险统管，建立和完善车辆保险明细台账，根据每年城乡居民可支配收入的提高和发生交通事故后承运人赔偿额度的增加，逐年提高保险保额，进一步提高公司的抗事故风险能力，有效防范市场经营风险，维护企业利益，确保公司经营平台安全。

（四）实施隐患排查治理，有效保证旅游运营安全

我公司近年来始终按照开展自查与分级实施相结合、短期整治与长期规范相结合的原则，重新修订完善了《安全生产隐患排查治理工作办法》、《隐患治理工作标准》，重新制作了《旅游客运隐患排查工作台账》、《旅游客运隐患整改登记表》，进一步明确了旅游客运隐患排查的重点内容，明确了排查的方法要求和治理整改部门和责任人，围绕"人、车、路、企业管理、动态监管"5个重要环节进行每月进行自查自纠，强制性、制度化的开展隐患排查。

在日常对旅游车安全管理中，我们严格执行行业管理规定，坚持做到对车辆运营前必须进行安全例检，检查合格的车辆持例检单才能开具行车路单，"两单"齐全才能上路营运。规范管理让我们真正做到了知人、知车、知去向，为车辆安全营运打下良好的基础。我们还坚持加强安全现场管理，定期上路对营运车辆开展检查，重点对驾驶员从业资质、车容车貌和技术状况车辆安全器械配备及"两单"执行情况等内容进行现场检查和处理，并根据路查结果，下发路查通报，奖优罚劣，及时纠偏，防范事故于萌芽之中，收到了明显的成效。

安全工作是企业的生命线，是道路运输企业的头等大事，是一项长期艰巨的任务，安全工作只有起点，没有终点。面对着经济进入新常态发展，旅游客运也面临着新的机遇和挑战，我们着力探索并着力解决安全管理中出现的新问题，针对新的形势采取更加切合实际，更加富有成效的新措施，使我司安全精细化工作得以更好地发展和持续推进。

【案例三】重庆旅游客运：探索安全文化对旅游运输企业发展的重要性

在实际工作中，安全文化和安全监管仍然存在诸多难题。近年来，我国各行各业的安全生产管理水平都在不断提升，安全生产形势和效果有明显改善，但是，部分企业安全管理水平相对滞后，安全事故依然高发。每年，交通运输事故总量仍居高位，事故起数、死亡人数分别占全国重特大事故总量的 70% 和 80%。近几年来，高速公路交通事故死亡人数占道路交通事故死亡总数的比例维持在 10% 左右。针对此情况，各地交通运输主管部门分别成立了质量和安全监督机构，委托其具体实施交通安全过程监管和政府监督，指导基层企业如何搞好安全生产，同时，企业也在结合自身实际，树立和强化安全价值观，弘扬和倡导安全理念，研究和应用安全文化。本文将从企业安全文化建设的必要性对安全发展措施进行探索，对交通运输企业在安全生产过程中存在的问题和改善意见进行浅析。

（一）新形势下对安全工作的要求

中国共产党第十九次全国代表大会报告中 55 次提到了"安全"，习近平总书记强调"坚持推动构建人类命运共同体""树立共同、综合、合作、可持续的新安全观""树立安全发展理念，弘扬生命至上、安全第一的思想，健全公共安全体系，完善安全生产责任制，坚决遏制重特大安全事故，提升防灾减灾救灾能力"，要不断满足人民日益增长的美好生活需要，不断促进社会公平正义，形成有效的社会治理、良好的社会秩序，使人民获得感、幸福感、安全感更加充实、更有保障、更可持续。在全国安全生产工作中，习近平总书记指出，安全生产事关人民福祉，事关经济社会发展大局，要牢固树立发展决不能以牺牲安全为代价的红线意识，以防范和遏制重特大事故为重点，坚持党政同责、一岗双责、齐抓共管、失职追责，严格落实安全生产责任制，完善安全监管体制，强化依法治理，不断提高全社会安全生产水平，更好维护广大人民群众生命财产安全。

（二）安全文化建设的必要性

安全是企业的生命，是企业管理永恒的主题。就交通运输企业而言，安全结果与经营业务是企业发展的两个基础指标，安全是基础是保障。道路运输企业的安全生产主要是行车安全，它既受内部管理因素的影响，也受道路、气候和外在人为因素的影响。近年来，各级管理部门和运输企业在安全投入上下足了功夫，安全管理日益规范，安全形势有所好转，尤其是交通安全事故率大幅度降低。但面对新形势，安全管理还需不断加强、不断创新。安全文化建设是现代企业管理不可缺少的内容，借鉴企业文化成果，充分运用文化的导向功能加强和改进企业的安全管理，创建、丰富企业安全文化，是新形势下安全管理的必然趋势，是安全管理水平的一种提升，将对企业的安全生产起到积极的推进作用。

（三）安全发展措施

安全工作作为道路运输的一项综合性、长期性基础工作，既要思想重视、常抓常讲，更要讲究方法、科学施策。结合道路运输中的旅游包车企业实际，个人认为应该重点加强以下四个文化工作的建设。

1. 以安全文化为导向

文以养人，化以塑魂。安全文化是道路运输企业的灵魂，是管理方法的一种升级，是成就企业、成就员工的有效途径。作为旅游包车企业来说，"安全为先、服务敬上"一直是我们的思想理念，"坚持以人为本、坚持文化铸魂，坚持和谐发展"是我们的工作态度。安全文化内涵丰富、形式多样，既包含理念文化、制度文化，又包含行为文化和设施文化，应通过安全理论讯息、优良传统激励、环境氛围熏陶和先进典型示范等途径，引导从业人员不断强化"安全关系全局""安全工作人人有责"等观念，努力营造"他人安全我负责""群众安全我有责"的浓厚氛围，切实将安全发展理念深入从业人员之心，使其内化于心、外化为行，为做好安全防范工作提供精神动力，确保人民群众生命财产安全。

2. 以制度文化为约束

以思想引导人，以制度约束人。制度文化是人类为了自身生存、社会发展的需要而主动创制出来的有组织的规范体系。它是对企业员工的安全生产行为规范进行约束的规则。如社会的法律制度、政治制度、经济制度以及人与人之间的各种关系准则等，都是制度文化的反映。新《安全生产法》中明确了各级人员的责任、义务和权利，第二十一条至第二十三条明确生产经营单位安全生产管理机构、人员的设置、配备标准和工作职责，规定了安全生产管理机构以及管理人员的 7 项职责，主要包括拟定本单位安全生产规章制度、操作规程、应急救援预案，组织宣传贯彻安全生产法律、法规；组织安全生产教育和培训，制止和纠正违章指挥、强令冒险作业、违反操作规程的行为，督促落实本单位安全生产整改措施等。

管理靠制度，规章制度只有在运行中才能体现其生命力，也只有在持续改进、完善和提高中才能体现其价值，其价值就在于能够有效地规范管理行为，用安全生产规章制度来明确企业安全管理、安全生产的行为规范，用安全技术操作规程来明确员工从事生产经营过程的操作规范，只有形成责任明确、责权一体，安全管理才能做到敢抓敢管，才能落实到每个岗位，才能使安全意识形态逐步在员工心里扎根，使其适应持续改进的安全生产工作需要。

3. 以物质文化为基础

所谓经济基础决定上层建筑，物质文化是安全生产的基础。企业通过对工作环境的优化、劳动条件的改善、文化设施的建设，来满足从业人员追求的安全生产的需要，以合理的安全奖励和激励机制，提高从业人员的经济收入，满足其追求的自身利益最大化的需要，提高安全生产的工作积极性，使其最大限度地发挥工作潜能，更加努力、高效地工作。

4. 以行为文化为重点

安全管理的主体是对人的管理。在生产经营过程中，对安全生产起主要因素的是人，起决定性作用的还是人。环境的改变、设施设备状况的操作与管理、从业行为的过程，都是靠人来实现，所以，行为文化尤为重要。行为文化是规范生产经营活动中个体行为的文化。管理学上的"海恩法则"，讲述了安全管理的金字塔原理：每一起严重事故的背后，必然有 29 次轻微事故和 300 起未遂先兆以及 1000 起事故隐患。海恩法则强调两点：一是事故的发生是量的积累的结果；二是再好的技术，再完美的规章，在实际操作层面，也无法取代人自身的素质和责任心。要想消除这一起事故，就必须从细节上把 1000 起事故隐患控制住。要通过安全活动、预案演练、安全教育、技能培训、危险源辨识与风险评价等，把危险源辨识与风险评价列入日常安全管理和生产运行中，提高危险源辨识与风险评价能力，使从业人员熟练掌握本岗位安全操作技能，坚持做到事前明确注意事项、事中查纠问题隐患、事后及时总结讲评，树立责任感和使命感，规范操作行为，确保从业行为过程安全。

企业开展的各项安全活动都需要与自身实际情况相结合。作为运输企业，我们的安全文化表现形式主要有以下两个方面：一是创建安全文化阵地，渲染安全运行氛围，针对机动车驾驶员，以安全标语、安全海报、安全展板专栏等形式宣传"保持安全车速车距""转弯前减速""使用安全带""减速礼让""酒后驾车"等安全常识和"遵守限速规定""谨慎变更车道""注意观察前方""拒绝疲劳驾驶"等安全行车常识，使驾驶员自觉养成谨慎驾驶的良好习惯。二是开展形式多样的安全主题活动，如道路平安年、安全生产月、安全知识竞赛等，动员广大驾驶员争当"技术标兵"、引导管理人员争当"管理能手"，进一步提高全体从业人员的安全意识和安全责任。

（四）交通运输企业安全生产存在的主要问题

我国是名副其实的交通大国，道路运输企业已经成为国民经济发展的基石，但同时，日益严重的交通安全问题也已经成为道路运输业健康发展的重要制约因素之一。

1. 一些客运企业思想麻痹，管理松懈，重经营轻安全

有些地方、部门、单位的领导重经济发展、轻安全管控的现象依然存在，没有把安全生产摆上重要位置，真正落实到实际工作中去。同时，一些企业为追求经济利益，轻安全生产，不严格执行安全生产法律法规规定的安全生产保障措施，不严格开展安全教育知识培训，一味地把精力用在片面追求任务的完成、效益的最大化上，甚至牺牲从业人员的生命和健康来追逐利润。

2. 从业人员安全素质较低，安全意识淡薄

意识决定行为，行为产生后果。许多事故的发生，都是由于从业人员安全意识淡漠，安全知识缺乏，安全行为不规范，违规违章所造成的。在我国，交通运输是高风险行业，大量社会人员和农民从事这一工作，改变了驾驶员队伍结构。这一部分人普遍存在法纪观念差，安全意识淡薄，他们平时较少接触或缺乏安全系统教育，进入公司后，遵章守纪的自觉性较差，虽接受单位的安全教育，但安全思想不扎根，时好时坏，有返潮现象。许多驾驶员没有完全掌握安全管理应知应会知识，导致违章操作行为不断。

3.部分车辆安全性能较低、安全隐患较多

一些省市营运车辆还未普及安装行车记录仪或车载视频监控系统，车辆档次低，车况差的情况较为普遍。同时，有些车辆自行改装内部结构，违规增加座位、加装行李架等，加大了运营安全风险。

4.道路交通通行条件不适应现代交通的要求，安全问题较为突出

目前，我们仍有很多三级以下低等级道路，这些路是机动车、非机动车和行人混合通行的双向两车道道路，建设标准较低，弯道陡坡无分道隔离、危险路段无防护、交叉路口无交通信号提示等状态，安全运行风险较大。

（五）改善交通运输安全的建议和意见

1.强化安全生产监管责任意识

相关部门要在企业市场准入、招投标、车辆技术状况鉴定、从业人员审核等方面把好第一把关，凡不符合国家有关强制性规范及要求的不予进入交易运输市场。同时，依法加强市场监管，密切关注行业安全动态，及时采取有效措施，加大交通运输行业违法生产经营查处力度，维护运输市场秩序，促进交通安全可持续发展。

2.强化从业人员的自律意识

企业要建立严格的驾驶员管理制度，不断改善、创新安全学习教育的方式方法，加强对营运驾驶员的职业道德、运输法规和业务知识培训，实现全体从业人员能够明确辨析危险、杜绝侥幸心理，养成按章操作、依规做事的习惯，从根本上遏制各类安全事故的发生。

3.建立健全安全体系

进一步树立以人为本、安全发展的理念，加快推进企业安全生产标准化建设，强化主体责任的落实，按国家要求完善安全管理相关制度，确保制度的适宜性，促进交通运输企业改善和提升安全文化，使其成为约束违章、激励安全、规范行为的企业全体共识，提升企业安全生产能力。

4.依靠现代科学技术全面提升预防道路交通事故的水平

目前，我国已全面进入信息化时代，各行各业都在大力发展信息化建设。我国道路交通安全信息化管理地区间差异较大，有的管理水平较低，信息化管理是必然之路。

要加快交通管理信息建设，通过交通管理信息监测、控制系统，机动车、驾驶员安全管理信息平台、驾驶员违章记录平台等各种网络先进技术；各种先进设备如车载视频实时监控系统加强对重点车辆、人员及重点地区、路段以及特殊条件下的交通安全管理。通过交通安全管理信息社会化、大众化的途径，让交通运输和安全监管等有关部门共享信息，互通有无，多角度的监督制约不安全行为，全面提升管理效率，实现本质安全。

5. 强化基础设施建设，优化道路交通环境

近年来，旅游运输业日益火爆，有些旅游景区在交通相对闭塞的区域，这些区域道路安全基础设施不够完善，道路通行环境较差，安全隐患较为突出。针对此现象，相关行业部门一是要对未有标线的路面进行详细测绘，对磨损、残缺的标线重新进行填补，便于识别；二是要将道路限速标志设置在醒目位置，便于知晓；三是对主要路口路段的主干道加设隔离栏，防止因机动车占道、随意掉头和错道行驶导致发生交通事故；四是对人行通道加装隔离护栏，确保行人安全。

6. 提高全民交通安全意识，加大群众违法成本

近年来，中国交通活动中许多反常现象和事故形态将中国民众交通安全意识的缺陷暴露出来。一些交通事故的直接原因并不在于驾驶员，而在于行人的一些不安全行为。一是农村地区部分群众安全意识较为淡薄，如破坏交通设施、儿童在公路上嬉戏玩耍、无证驾驶摩托车、非机动车占用机动车道、非机动车载人、行人横穿马路、马路市场等；二是城镇地区，主要表现为中国式过马路、高峰期混合交通、非机动车随意变道穿插、不遵守交通信号灯和标志标线等。机动车驾驶员接受了较为系统全面的交通安全教育，而非机动车驾驶员和行人接受的教育相对匮乏，恰恰这一类交通参与者是教育的短板，所以要加强对所有交通参与者的安全教育，从小接受系统的学习，让安全进校园、进社区，从根本上提高全民安全意识。对于一些影响交通安全、造成不良后果的群众违法行为，在口头教育的基础上辅以经济处罚，提高违法成本，切实保持对交通违法行为的严管重罚态势。

（六）交通运输安全工作需要全社会共同努力

道路交通运输在城市中不间断地反复运转，运送南来北往的乘客，交通安全尤为

重要。人的生命来之不易，且只有一次，应当倍加珍惜和爱护。政府及社会的各个部门，以及每一个公民都有责任和义务共同关注和维护交通安全，制定严格的管理制度，研究事故预防措施，才能真正意义上保证社会安定、健康、和谐发展。

【案例四】北京北汽出租汽车集团：秉承"三知三爱"，全面加强安全管理

北汽集团秉承"三知三爱"管理理念、始终坚持人性化管理和流程管安全、将安全管理阵地前移。安全管理是企业生产管理的重要组成部分，是综合性的管理。安全管理的对象是生产中一切人、物、环境的状态管理与控制。换言之，安全管理是一种动态管理，作为专业交通运输企业，道路交通安全管理更是重中之重。在管理过程中，制度管理、科技手段固然重要，但要想真正达到安全目标，人是首要条件，故抓司机思想意识管理尤为重要。本人就将在基层管理中的一些好方法进行浅谈。

原基层单位共有驾驶员 198 人，在工作的四年间，共创建全国级先进线路 1 条、省部级先进线路 1 条；管理全国级先进车组 1 部、省部级先进车组 4 部。地厅级先进车组 2 部。四年间，年平均行驶约 372 万公里，未发生一起亡人事故、未发生重大责任交通事故。

自组建以来，我们始终以"四为服务"为工作之本，通过真情为乘客服务、真心为职工服务，真正做到乘客满意、职工放心。特别是在新时期，我们又提出：知工爱工，一心为职工；知企爱企，一心为企业；知客爱客，一心为乘客的"三知三爱"思想，经过多年的实践使我们深深体会到"三知三爱"精神是立队之本，是凝聚职工、融洽干群关系的重要保证，是做好安全管理工作的基石。

（一）弘扬"三知三爱"精神，凝聚职工队伍，努力构建和谐企业是安全管理的首要保障

1."知工爱工"干部管理要率先垂范

领导班子必须是一个战斗力非常强的集体。我们从抓干部管理人员的勤政廉政转变作风和保持先进性，发扬优良传统入手，强化了干管人员的工作标准和提高全面管

理的意识，要率先垂范起到表率作用，要对员工讲文明用语，坚决执行禁语忌行，自上至下，创造一个文明、和谐的氛围。

2.员工是企业的财富，关心职工生活是干部管理人员应尽的职责，同时也体现了以人为本创造和谐环境的管理理念

（1）职工建议，认真听取。为了做好安全工作，定期组织召开一次职工座谈会。一是将当月安全工作情况向职工做一汇报；二是听取职工对当前安全管理工作中存在问题的建议。

（2）职工有困难，车队积极相助。对有困难职工，企业总是给予积极的帮助。我们规定：对于职工的婚、丧、嫁、娶、病，一律去家或医院看望。给职工送去企业关怀。让职工的亲友感受到企业的关心和温暖。

（3）多种方式相结合，畅通职工与干部的沟通渠道，真正倾听职工呼声。我们将主要领导的电话、电子邮箱向全体职工进行了公示，广大职工朋友可以很方便地联系到单位领导，将自己的真实想法和实际需求反映上来，还可以提出自己对安全管理工作的意见，此举拉近了职工和车队之间的距离。

3.党政工团齐抓共管，广泛开展思想政治工作，切实解决职工在生产、生活问题

例如，党组织、工会每年组织干管必须开展职工家访，家访率原则上要达到100%。把企业的关怀、温暖送入职工心中，树立职工爱企、知企的企业荣辱观信念，激发他们爱本职、岗位建功的决心。

（二）以不同阶段重点工作为契机，全面加强安全管理，再创辉煌

1.针对不同阶段的重点工作，有针对性地制定工作目标

（1）解决思想认识问题。在班子中开展"四查一看"活动：一查全体班子特别是干部，对当前安全管理形势的认识是否到位；二查安全管理的工作标准是否明确；三查部分干管思想上是否有松动和悲观情绪；四查安全管理工作要求、折子工程、措施方案管理是否到位；一看是在实际工作中，安全专业是否按上级要求进行部署落实。

（2）强化干管精细管理和科学管理。我们深知要想真正"安全"，必须向班子要质量，才能带领全体职工共同提高。我们每月对干管进行工作评议，这样不仅使管理在思想上认识到精细管理的重要性，从而也保证各项工作的落实和实施，为整体安全管

理工作全面提升和深入开展奠定基础。

2. 搞好全员培训，着重做好典型引路

思想教育先行，全员意识到位：要利用多种形式，加大对全员的安全教育培训力度，使员工明确企业面临的形势和任务。通过培训使全体员工在思想上有本质的转变，由过去的"规章制度约束我安全驾驶"转变成"我要安全驾驶"。我们每年开展全员脱产培训，利用公休时间分四批进行。与此同时，在培训工作中，分层次进行，即先抓党员、团员骨干的培训，要求党、团员在安全驾驶我先行活动中第一批达标。其次在培训工作中要突出以下特点：（1）培训工作多样化：车队根据不同时期工作特点和具体情况，培训的形式、内容和要求要灵活、多样。（2）有针对性：经常注意、观察、分析职工中带有倾向性的问题，进行有针对的教育。（3）典型性：以先进集体为龙头，开展比、学、赶的活动。在全员展开岗位练兵示范车，安全行车示范车，车辆清洁示范车，五好操作示范车，整车爱车示范车的评选，通过"树典型，帮引路"活动，使全体职工树立良好职业道德、安全意识和服务意识。

3. 坚持"知客爱客，一心为乘客"的精神，努力为乘客办实事让乘客满意

在安全管理工作中，我们坚持以乘客为本，做到一听，二调查，三治理。一听，就是虚心听取乘客对驾驶员的意见，及时改进完善。二调查，就是针对乘客反映出的问题我们通过多种渠道进行调查核实。三治理，就是对发生在驾驶过程中的隐患和常见病采取措施认真治理。

（三）凝心聚力、齐抓共管，安全管理工作不唱"独角戏"

（1）在效益与安全的天平间，安全永远是在高位倾斜。业务部门在承接任务时，做到安全没有把握的活不接，路况不明的活不接，道路危险的地方不去，司机不符合资质的坚决不派。对于新司机验收合格后，要固定车型、固定班车，固定线路，直至熟悉、熟练，并有一定处理问题的能力后再进行调换。

（2）对违章司机员，在上级接受教育后，回来后还要办学习班，写出深刻检查，情节严重的，要在职工会上做检查发言。

（3）遇有10辆以上的任务，安全及其他管理人员要在发生前给驾驶员开班前会，提出具体要求，规定具体行车路线。在执行任务过程中，做到前车有管理，中间有骨干，尾车有主要管理人员收尾的措施。

（4）为了激发职工的工作积极性，我们成立了10个联组，将骨干同志选到了联组长的位置上并定期召开联组长会，以点带面的抓安全管理工作。在此过程中，联组都发挥了许多管理层面的作用，这个工作使无论是联组长还是联组成员都进入了赶帮比学的状态，营造了浓厚的安全管理氛围。

【案例五】青岛旅汽：旅途长安宁，居安多思危

在不断强化责任、完善制度、布控措施的基础上，我们正在着手建立企业文化，总结和培育企业安全文化。

（一）企业安全文化是有形的

说起企业文化乃至企业安全文化，有广泛的系统性的理论阐述。有人认为企业安全文化本身具有"虚无"的特性，有感觉、无影踪、看不见、摸不着，是一种氛围、一种气候。企业安全文化与企业的理念、价值观、氛围、行为模式等深层次的人文内容密切相关，客观地分析和评价一个组织机构的安全文化水平是很困难的。其实不然，我们在做安全文化建设的时候，是有多种表现形态的，例如：它的物质形态、制度形态、行为形态、精神形态等，从它的形态入手，做安全文化就有了抓手。

（二）安全文化的力量体现在引领

文化是有力量的，同样，企业安全文化也是有力量的。纵观一些交通事故案例，从中不难看出是安全意识不强、安全措施薄弱等诸多因素导致交通事故的发生。因此，全体从业人员对于安全的发自内心的重视是前提。

安全文化就是对于从业者的引领，就像我们谈教育的本质在于一棵树摇动另一棵树，一朵云推动另一朵云，一个灵魂唤醒另一个灵魂。文化也是如此，就是让从业者被我们的管理理念所引导和带领。

（三）引领的杠杆在于通俗易懂、喜闻乐见

在安全管理中导入安全文化思想，通过有组织、有计划、有目的开展形式多样、极富人性化的安全文化活动，变强制灌输为潜移默化，化枯燥乏味为趣味横生，使交通安全文化深深扎根群众之中，用法律约束、道德规范、文化感染人们的言行举止，这样交通安全才不会成为一句空话。我们公司始终以"安全领航和谐生活"为愿景，以"驾安全车，行安全路，做安全人"为使命，以"10000-1=0"为安全价值观，通过提炼和总结，不断使企业安全文化得到形成和完善。

交通安全是一项长期的工作，每时每刻都在考验着我们。在运用法律手段管理的同时，绝不能忽视交通安全文化的作用，要与时俱进，加大交通安全文化的建设力度。要围绕交通管理中遇到的新情况、新问题，持之以恒地创新安全活动的内容、形式和载体，借助文化的力量，增强交通安全防范意识，人人关心交通安全、处处想到交通安全、事事为了交通安全，用文化的力量来支撑交通安全。

（四）管理者的文化是安全管理的前提

安全管理者是构成道路交通安全管理工作中的首要和决定因素，也是决定交通安全管理工作是否科学有效的主要因素。安全管理者必须具备一定的交通安全文化，这是确保交通安全的前提基础。培养和打造一支素质过硬、能力突出的交通管理队伍是当前交通管理工作的一项重要任务，各级领导越来越注重人才的培养和选用。安全管理者应具备以下素质。

1. 安全管理者应具备强烈的工作责任心

安全管理者首先应具备强烈的责任心和认真的工作态度。作为一名安全管理者要热爱本职工作，有甘于奉献的精神，对自己所分管的工作要做到心知肚明。如我们的安全管理人员，要熟悉单位车辆及驾驶员的全部信息，要在参与安全管理的过程中多和驾驶员沟通交流，尽可能从对方获取最大的信息量，要以高度的政治觉悟和强烈的责任心参与安全管理。

2. 安全管理者应具备一定的文化知识

可以通过相关专业知识的间接经验，也可以直接通过自身工作经验积淀总结，注

意收集和浏览相关安全管理的资料和数据。通过日常的积累和收集，具备一个较完整的库存资料，用时可以信手拈来。安全管理者还必须熟悉相关的法律法规和规章制度，除《道路交通安全法》外，还要熟悉《机动车强制保险条例》、《民法》、《保险法》、《中华人民共和国刑法》等，养成用法律和制度来规范管理行为的良好习惯。

3. 安全管理者应具备协调沟通能力

交通管理人员能力素质还包括具备协调、沟通的能力。都说"沟通是门学问，语言是门艺术"，的确，善于沟通、会运用语言的人，常成为事业成功的典范，安全管理工作也离不开沟通和协调。管理者经常要与自己的主管部门及所有道路参与者打交道，沟通、协调是避免不了的，讲究语言艺术和沟通技巧尤为重要。

4. 安全管理者应具备良好的心理素养

安全管理者在工作中总要与形形色色的人接触，人的素质高低不同、认识不同。被曲解、被辱骂的事情时有发生。这就要求我们的管理者要有良好的素养，能忍受他人的误解、侮辱甚至伤害，能有处事不惊、灵活机智的平和心态。具备敬业、公正、有使命感和责任感的职业道德，既要体现执法的严肃性，又要体现以人为本，人性化管理和人文关怀的理念。

（五）被管理者的文化是交通安全的保障

安全管理工作中人的因素是主要的，人的因素既包括管理者，也包括被管理者。被管理者的范畴很广，它包括所有的道路参与者。被管理者是道路交通的直接参与者，是道路交通安全的主要因素，被管理者的文化素养是确保道路交通安全的保障。预防和减少交通事故，驾驶员应具备以下素质。

1. 必须具备良好的职业道德

良好的职业道德可以帮助驾驶员纠正不健康的心理，形成良好的信念和习惯，可以调整个人和社会以及人们彼此之间的关系。所以驾驶员要以高度负责的精神热爱驾驶工作，明确自己职业的责任，忠于职守，爱岗敬业。在日常行车中，以交通法规为准则，不论在什么情况下，坚决不做违反交通法规、违反安全制度的事情，自觉维护交通秩序，增强自我管教和约束能力，不开赌气车、不开英雄车、不开带病车，发生矛盾主动礼让，出现意外尽量忍耐，坚持文明行车。

2. 必须具备良好的身体素质

身体是承受艰苦工作和精神压力的物质基础，身体状况不同，也会造成对待挫折态度的不同。驾驶员要能适应艰苦条件下的劳动，必须要有过硬的身体素质做保障。当驾驶员疲劳过度，患有疾病时就容易出现血压不正常、心理紧张甚至昏厥，这是非常危险的。如果听力视力达不到驾驶要求，就不能做出正确的反应和判断，以致发生行车事故。所以驾驶员应具备良好的身体素质和充沛的精力，能够从容应对行车中各种异常情况。

3. 必须具备良好的心理素质

驾车要求沉着冷静、反应迅速、动作敏捷、操作准确，反常心理活动必然导致不良的行为后果。驾驶员在行车中无论遇到什么情况，当发现自己情绪不稳定时，要进行自我调解和疏导，用各种方法缓解消极情感，尽量减少对行车安全的影响，提高在各种复杂情况下反应能力、精神承受压力和自我控制调节的能力。养成坚定、顽强、沉着、果断、机智的品格，不为情绪左右，不为外界事物分散精力，能用正确敏捷的思路在极短的时间内迅速、果断、安全有效地处理日瞬万变的交通情况。

4. 必须具备良好的驾驶习惯良

良好的习惯一旦形成，就具有使动作、行为自动化的作用，如果良好的动作、行为成习惯，有些处事办事方式也可以成为习惯。反之，如果养成某种不良习惯后，就会以一种惰性心理阻碍接受正确的东西。所以，驾驶员要坚决杜绝摒弃一些不良嗜好，时刻把乘客和车辆的安全放在心中，不赌博、不酗酒、不吸烟，生活上要有规律，逐渐养成从不习惯到习惯，从不自觉到自觉，培养严格遵守制度的好习惯。

在安全文化建立和培育成熟之后，其导向作用、凝聚作用、规范作用、激励作用将日渐突出，也为我们的安全管理奠定更加坚实的基础，提供更加可靠的保障。

【案例六】苏州外事：安全责任重于泰山

苏州市外事旅游车船有限公司（以下简称苏州外事），共拥有各类客运车辆443辆（其中旅游客运217辆，旅游租赁100辆，出租车126辆）。公司在董事会、总经理室和全体职工的共同努力下，近三年来未发生重大旅游客运伤亡责任事故，较好地完成了公司预定的旅游客运安全管理目标。2016 年 8 月 23 日，被评为"江苏省道路旅客运输安全标准化建设达标二级企业"，2019 年 7 月 17 日，又经省专家组审核通过，申报江苏省道路旅客运输安全标准化达标一级企业。为了抓好公司旅游客运安全管理工作，主要做了以下工作：

（一）旅游客运 - 安全责任重于泰山

责任心是安全之魂，标准化是安全之本。近三年来，公司董事会、总经理室和全体职工始终把安全营运工作放在各项工作的首位。安全营运是旅游客运的第一责任，旅游客运安全责任重于泰山，没有安全就没有旅游。没有安全就没有效益的服务理念已深入人心，落实到每次营运任务中。为了落实旅游客运安全生产责任制，公司成立了安全工作委员会（以下简称安委会），作为企业安全责任管理机构，企业法人代表、董事长为第一责任人——安委会主任，总经理、副总经理、安全部主任为安委会副主任，其他部门经理及有关人员为安委会成员，安全部为公司安委会常设责任部门。主要职责：负责公司安全生产、营运、消防、治安等安全管理工作，安委会成员分工负责，职责明确，各尽其责。每年年初，从公司董事长、总经理到企业各部门负责人、职工、驾驶员逐级签订安全生产（营运）责任书；总经理室与各部门签订《责任经营协议书》时，坚持经营工作与安全工作、服务质量同步签订，坚持抓经营指标的同时，不忘"两手抓"原则，将安全生产、标准化服务目标列入各项责任经营协议书，同步检查，同步落实，同步考核。每月由公司企管部对各部门安全生产目标进行考核，并与各责任人收入挂钩，形成了人人知晓的安全生产管理制度。通过一级抓一级，逐级严抓细管，形成了一个比较系统的企业安全工作管理网络，使安全生产（营运）工作落到实处，扎实有效。

（二）建立健全安全管理制度，是旅游客运安全，标准化服务的基础

苏州外事将多年来旅游客运工作中遇到的安全生产、安全营运标准化服务、质量保障等问题进行分析，广泛听取基层安全管理人员、驾驶人员的意见，组织专人进行汇编，形成了现有安全管理规章制度和工作手册。主要有：企业安全生产责任制度、安全生产例会制度、人员管理及安全教育培训制度、车辆管理制度、行车操作规程、

安全生产监督检查和事故排查制度、旅游客车服务标准流程、车辆事故报告和处理制度、安全管理目标考核奖惩制度、车辆动态（GPS）监控管理制度、应急预案、员工手册、党员示范车队手册等 20 多项规章制度。

规章制度是营运安全、标准化服务质量的基础，没有规矩，不成方圆。建立健全完整的规章制度，既是旅游客运驾驶员的行为准则，又是驾驶员安全服务、标准化服务的理论实践依据。严格的安全管理制度，是对旅游客运驾驶员操作行为的管理和约束，长期坚持实践会形成为驾驶员的工作习惯。近三年来，公司安全管理目标的成果得到了验证，共为 600 多万名国内外宾客提供安全服务、标准化服务，一次次受到客户的表扬和赞誉，取得了较好的经济效益和社会效益。

（三）做好培训工作，强化安全营运意识

根据公司规章制度和 ISO 9001：2015 质量管理体系的要求，认真做好安全生产（营运）管理人员、驾驶人员的培训工作。主要有以下六个坚持：

1. 坚持每月召开一次安委会例会

公司全体中层以上干部、安委会全体成员参加，例会培训主要内容：传达学习上级有关安全生产文件精神；通报交通事故案例，并进行分析，从中吸取教训；研究处理车辆营运事故，抓好事故"四不放过"和善后处理，严格把好事故处理费用审核关；布置当前安全生产、安全营运工作，推行安全标准化服务。

2. 坚持每月一次对安全管理人员、驾驶员进行培训

近年来，公司坚持每月一次对安全管理人员、驾驶员集中进行培训。培训内容包括：上级有关安全生产文件精神传达、职业道德教育、安全服务、标准化服务意识、有关法律法规及业务知识学习、月度安全服务情况通报、公司近期安全工作布置等。培训结合公司安全工作实际和典型案例进行分析教育，邀请公安交警交通运管、消防、保险等专业人员进行专题讲座。内容真实、丰富、生动，也增强了培训人员的学习自觉性，培训率达 90% 左右，对因任务、有事请假者及时进行补课，确保培训到课率100%。

3. 坚持新进驾驶人员的培训

新进公司的驾驶员必须进行严格的政治审核、驾驶资质审核和培训工作，确实把

好新进驾驶人员的素质关，由专人负责对新进驾驶员进行技能考核，进行公司规章制度、服务技能、员工手册内容的培训，培训合格后方能上岗。先一年期厂包班车服务工作岗位，再视情转入旅游客运岗位工作。

4. 坚持事故、违章驾驶员的重点培训

根据公司每月交通事故和违章记分情况，及时对当事驾驶员进行重点培训教育。针对事故和违章发生的具体情况进行分析，提高驾驶员的认识，做到"四不放过"，对问题发生原因未查清不放过；对当事人没受过教育不放过；对全体人员没有从中吸取教训不放过；对事故和违章没有及时处理不放过。通过对事故和违章驾驶员的重点培训教育，有效地增强了全体驾驶人员的安全营运、标准化服务意识，把车辆交通事故和违章消灭在萌芽状态，进一步降低了车辆事故、违章的发生率。

5. 坚持做好重大会议（活动），用车保障任务的专题培训

公司每年要承接30多次重大国际国内大型会议、大型活动，政府有关部门把重大会议、活动用车保障任务交给公司，是对苏州外事最大的信任和支持。公司董事会、总经理室尤为重视，每次任务公司领导亲临一线，挂帅指挥，认真组织，并当作一项政治任务来完成。专题培训要根据大会（活动）组委会的要求和会议的特点，邀请公安交警、治安消防、交通运管等有关人员对公司全体安全管理人员、车辆动态监控人员、驾驶人员进行专题培训教育，部署工作至每一个细节，确保会议（活动）用车保障任务的完成，为苏州外事争光，为苏州人民争光。

6. 坚持做好暑期、冬季安全营运的培训

暑期高温季节和严冬冰雪季节是道路交通事故频发阶段，冬季又是"春运"接送农民工返乡过年回程的特殊阶段，营运任务十分繁重。针对这些特点，公司每年都坚持暑期和冬季营运安全培训，邀请有关专家授课培训，提高驾驶人员暑期、冬季恶劣天气条件下，安全营运意识、行车技能和突发事件的处置能力。并要求GPS车辆动态实时进行监控，严禁驾驶人员超速、超载和疲劳驾驶，严格执行公安、交通部门，禁止凌晨2—5点客运车辆上高速通行的规定，及时掌握气象部门的天气气候信息，利用现代监控手段，及时通过短信、微信等方式预警提示各位驾驶员，做好防范，确保在恶劣气候下的安全营运。

近三年的实践证明：规章制度是旅游客运安全、标准化服务的基础；培训教育工作是旅游客运安全、标准化服务的理论保证；认真贯彻、贯彻落实是旅游客运安全、标准化服务的核心——"重中之重"，旅游客运安全，重于泰山。

【案例七】云南旅汽：转型升级优化安全管理，精细化创新管理模式

道路旅客运输企业属于高危企业，根据《中华人民共和国安全生产法》、《中华人民共和国道路交通安全法》、《中共中央国务院关于推进安全生产领域改革发展的意见》、《道路旅客运输企业安全管理规范》、《生产安全应急条例》等法律、行政法规和文件要求，为加强和规范道路旅客运输企业安全生产工作，提高企业安全管理水平，全面落实客运企业安全主体责任，有效预防和减少道路交通事故。面临的安全形势很严峻，确保道路旅客运输安全的责任重大，同时对安全生产管理水平提出了更高的要求。安全是道路旅客运输企业永恒的主题。确保道路旅客运输安全稳定，是构建和谐社会的重要内容。只有优化安全管理体系，创新安全管理模式，不断提升安全管理水平，才能真正把安全管理工作做好。

云南旅游汽车有限公司（以下简称：公司）认真贯彻落实《安全生产法》和《道路旅客运输企业安全管理规范》、《生产安全事故应急条例》，不断改进和强化安全生产管理，提升安全生产管理水平，公司已连续九年未发生上等级安全责任事故，并连续八年获得"质量信誉考核"AAA最高等级，安全生产工作取得了显著成绩。

（一）公司安全生产管理工作特点

汽车公司现有营运车辆1242辆，其中客运车辆777辆，出租车392辆，租赁车40辆，教练车25辆；公司公务车8辆；政府托管公务用车169辆（未统计在内）。运营区域辐射全省16个地州市和部分国内、国际线路。拥有4个战区公司（昆明战区公司、滇南战区公司、滇东南战区公司、滇西北战区公司）及3个专业公司（旅游汽车维修公司、云旅交通投资公司、任我行国际旅行社），业务结构复杂，给公司的经营和安全管控带来了难度。公司的安全生产工作呈现出多元化的特性，云南的立体性气候和不稳定的地质变化给公司的安全工作带来了很大的困难，安全管理也显现出跨度广、难度高、投入大的特点。

安全重于泰山，生命大于天，道路旅客运输企业属于高危企业。切莫"不撞南墙不回头"，必须懂得，安全隐患猛如虎，不怕一万、就怕万一，越是认为不可能的时候，灾祸就越可能降临，那时再去总结吸取教训，为时晚矣！为提升安全管理水平，切记要举一反三，做好自身企业安全管理工作，消除安全隐患。

（二）狠抓安全生产管理工作重点

1. 落实安全生产风险管理体系

在年度管理中出现伤亡以上事故的单位和个人进行"一票否决"，取消一切评优评先，晋升奖励，严重的做降职或撤职处理。通过责任追究让管理者深深理解，管不好安全不仅是"票子问题，而且还有帽子问题"。

2. 落实安全监察管理体系

营造安全管理的高压态势。公司重视以计划→检查→整改→考核→总结的 PDCA 循环管理模式。每年年初公司总经理均与部门、经营单位负责人签订《安全目标管理责任书》。公司建立了跟踪检查和考评奖惩机制，实行安全绩效考核和风险抵押金制度。完成责任目标后，风险抵押金双倍返还，完不成目标任务的取消高危行业安全风险奖罚金，并进行处罚。连续九年公司实现安全生产整体目标。

3. 建立安全生产约谈制度

对不履行安全管理职责，造成事故的单位领导、相关管理人员和直接责任人，进行安全生产约谈。通过"宁愿听到骂声、不愿听到哭声"的态度，维护了公司安全制度的严肃性，营造安全管理的高压态势。公司对每年《安全生产目标管理》主要指标失控，对单位领导、相关管理人员和直接责任人，进行安全生产约谈。

4. 落实应急救援管理体系

公司制定《突发事件应急预案》、《重、特大交通事故处理预案》、《春运、黄金周、专项活动安全维稳（反恐）工作应急预案》、《交通事故处理操作规范》、《境外安全应急预案》、《消防安全应急预案》、《车辆自燃应急预案》、《旅行社安全应急预案》、《建筑施工管理应急预案》等规章制度，并及时进行修订。成立了安全事故应急救援处置指挥部，每年定期开展安全生产应急演练，普及应急知识，提高员工风险防范意识和事故救援的应对能力和可行性。

5. 安全生产目标管理考核体系

公司实行《年度安全生产目标管理绩效考核》和《高危企业安全生产风险奖罚金专项考核》制度。《年度安全生产目标管理绩效考核》是对经营单位安全生产基础管理和指标完成情况进行综合考核。《高危企业安全生产风险奖罚金专项考核》是重点对事故指标情况和经营单位安全生产基础管理进行考核。

（三）公司安全生产管理工作亮点

一是紧紧围绕"加强安全生产标准化管理、优化安全生产管理模式"这一中心，公司组织完成了对所属客运单位的安全标准化申报考核工作，所有客运单位都取得二级企业安全生产标准化证书。二是健全安全生产风险管理体系、应急救援管理体系、安全监察管理体系和责任传递机制的建设。安全生产的重点工作是狠抓"三落实、一治理"，即落实安全生产主体责任制，落实安全生产规章制度，落实安全隐患排查整改和安全承诺制度，严格治理超速违章。呈现以下特色和亮点：

1. 落实安全生产主体责任制

公司成立了安全管理第一责任人和驾驶员代表组成的安委会，公司董事长、总经理分别担任主任及副主任，全面负责公司安全生产管理工作，研究制定安全管理措施和安全投入，实施安全生产检查和监督，作为安全首问责任人，安全管理结果作为各单位一把手业绩评价的重要内容。各经营单位同时成立了基层单位安委会，各经营单位一把手成为安全生产主体责任第一人。

2. 落实安全生产党政同责

公司严格推行安全生产"党政同责、一岗双责、齐抓共管、失职追责"安全生产责任制，公司党委书记任安委会副主任；公司党委委员、纪委书记、工会主席任安委会委员。利用创新的手段和方法开创安全管理和教育的新模式，做到警钟长鸣。公司党委及各党支部积极开展"党员身边无事故"系列活动，把安全教育工作深入每个党员，以党的先锋模范作用，带头做好安全生产工作，从而影响身边的每位职工做好安全工作，以点带面，形成"党政同责、一岗双责、齐抓共管"安全工作新局面。公司党委、工会、各职能部门、各岗位人员在职责范围内承担相应的安全生产职责。

3. 落实安全生产规章制度

公司制定完善了《客运安全生产管理制度》，根据《道路运输企业安全生产标准化规范》和《道路旅客运输企业安全管理规范》，开展安全生产标准化工作，建立安全技术科学管理体系和长效机制，积极开展安全生产标准化体系建设。加大安全隐患排查和整改力度，抓实抓细日常安全生产管理工作，杜绝制度和落实两张皮现象，依法依规进行安全管理。

4. 落实安全隐患排查整改和安全承诺制度

按照公司《客运车辆安全隐患排查管理规定》和《路检路查管理规定》，加大对安全生产隐患排查管理力度，用制度规范安全隐患的排查工作。重点开展路检路查，加强违章违法行为治理，结合隐患排查挖根源。严格执行"五不两确保"安全承诺制度；行车"84220"制度；凌晨2时至5时禁行制度。公司组织驾驶员进行安全承诺宣誓活动。

5. 加强车辆动态监控，升级信息化管理水平

公司在2018年度投入资金300多万元，完成了所属700多辆旅游车辆4G视频动态设备的安装工作，安全管理信息化管理水平大幅提升，安全管理的抓手更有力。根据《道路运输车辆动态监督管理办法》和《道路旅客运输企业安全管理规范》，公司修订了《车辆动态监控管理办法》，进一步完善车辆动态监控操作流程，规范监控记录、台账，落实公司各经营单位对超速违章的处理力度，列入责任人的安全考核。车辆动态监控与违章超速、生产经营、业务调度实现对接。确保公司客运车辆全年终端实际在线率达到100%。加大和落实客运单位超速治理处罚工作。

（四）创新安全管理模式，提升安全管理水平

1. 推行驾驶员安全生产主体责任制模式

公司推行驾驶员安全生产主体责任制模式，即：客运车辆驾驶员对本客运车辆承担安全生产主体责任。驾驶员应自觉遵守国家的交通法规和安全生产法规，严格遵守交通规则，文明行车，自觉遵守安全生产操作规程和客运车辆驾驶操作规程，遵守公司的各项规章制度。严禁酒驾、严禁毒驾、严禁开带病车、严禁开赌气车、严禁擅自将客运车辆交给不符合准驾资格或无从业资格证、未经过公司考核合格的人员驾驶。

驾驶员在营运活动中，应当严格做到客运车辆日常维护和定期保养、勤维护，及时发现并排除客运车辆安全隐患和故障，按规定进行例保和春运检测等达到合格，确保投入客运车辆必须符合中华人民共和国 GB 7258—2017《机动车运行安全技术条件》的要求，按时进行年检，持有效证件方准投入年度营运，保证运营客运车辆处于安全和良好运行状态。

云南地理位置特殊，地处云贵高原，客运车辆均在群山峻岭中行驶，全省呈立体气候，气象万千，客运车辆驾驶员必须根据立体和季节气候变化，遵守公司特殊气候安全行车管理规定，做好"防雷电、防泥石流、防暑、防雨、防雾、防雪、防冰、防冻、防滑"等自然灾害的预防工作，在确保车辆安全的情况下运行。

2. 引入人员密集型场所消防安全管理模式

客运车辆属于有限范围内人员密集型场所，一旦发生火灾，容易发生群死群伤事故。根据《中华人民共和国消防法》，公司引入人员密集型场所消防安全管理模式，必须做好消防安全防范措施，保证客运车辆配置的发动机爆破式灭火器、车内灭火器、逃生锤、安全门、安全窗等消防安全设施设备齐全有效。加强旅客易燃易爆危险物品的安全管理，加强人员密集场所消防安全疏散管理，逃生标志标识清楚，保障疏散通道和安全出口畅通，提高旅客的逃生自救能力，预防和减少火灾人员伤亡，确保人民群众生命财产的安全。

3. 树立安全隐患就是事故的安全管理理念

加强安全生产全员、全过程、全方位管理，在安全管理"事前、事中、事后"的全过程中，重点加大事前管理力度，树立安全隐患就是事故的安全管理理念，力争把安全生产事故隐患消灭在萌芽之中，有效防范安全风险。客运车辆的不安全技术状态，驾驶员的不安全行为和管理上的不作为，是引发安全事故的直接原因。无数事故分析证实，隐患存在是事故的成因，多一个隐患就多一个发生事故的危险。同时，隐患也是变化的、动态的，有生产活动就会出现隐患，老的隐患解决了新的隐患又出现了；有的隐患是动态的；有的隐患是静止的；有的隐患会反复产生；有的隐患是直观的；有的隐患是潜在不易发现的；有的隐患是随着时间而发生变化的，有的隐患会在瞬间发生裂变，隐患有着不同程度的危险性，隐患来自各个方面、各种原因，认识隐患是预防事故的重要前提。要运用监测监控手段、管理的手段、技术手段、排查手段做好预防隐患的工作，防止隐患存在。这就要求我们在管理、车辆运行、驾驶员的安全学习教育和提高安全意识等生产过程中不留下隐患。开展经常性安全检查，及时整改隐患，不给隐患有存在和发展的空间和机会。不断进行整治或采取有效安全措施，防止事故的发生。

4. 建立驾驶员安全学习教育不到位，就是安全管理失职机制

安全学习和教育培训是减少事故的根本性对策。对驾驶员的安全管理，提高驾驶员的安全意识，安全学习教育培训是重要抓手，是安全管理的重要手段，是减少事故的源头。安全生产管理人员不把安全学习教育培训工作做好，安全学习教育培训制度不落实或落实不到位，本身就是失职，就是重大的安全隐患。"水涨荷花高"，全员综合安全素质的提高会推动整个单位的安全管理水平上升，而在此之中，安全学习教育培训起着极其重要的作用。

根据《道路旅客运输企业安全管理规范》的规定，客运企业主要负责人和安全管理人员应当具备与本企业所从事的道路旅客运输生产经营活动相适应的安全生产知识和管理能力，并经县级以上交通运输管理部门对其安全生产知识和管理能力考核合格，持证上岗。客运驾驶员岗前培训的主要内容包括：道路交通安全和安全生产相关法律法规、安全行车知识和技能、交通事故案例警示教育、职业道德、安全告知知识、交通事故法律责任规定、防御性驾驶技术、伤员急救常识等安全与应急处置知识、企业有关安全运营管理的规定等。建立客运驾驶员安全教育培训及考核制度，公司对客运驾驶员进行统一培训，安全教育培训每月不少于1次，每次不少于2学时，安全教育培训内容应当包括：法律法规、典型交通事故案例、技能训练、安全驾驶经验交流、突发事件应急处置训练等。利用旅游淡季，采用"请进来、走出去"的方式，即专业人员（运管、交警、安全教育培训师和其他法律工作者）上课，组织公司管理人员和驾驶员到交通安全警示教育基地参加安全警示教育活动，开展安全生产的宣传教育活动，都取得了很好的效果。

（五）安全生产管理面临的压力和挑战

当前，随着云南旅游的转型升级，经营模式的转变，道路交通状况日益复杂，交通安全形势异常严峻，交通安全工作压力前所未有，安全生产管理难度不断加大，这些都给交通安全管理者提出了新的挑战，对交通安全生产管理者的管理水平要求与日俱增。要保持交通安全管理长期有效持续发展，作为安全生产管理者必须勇于担起安全生产责任，鼓足承压奋进的干劲，保持安全生产管理创新的精气神，不断提升全体员工的安全生产综合素质，才能确保安全生产平稳前行。

安全生产工作只有起点没有终点，安全生产工作永远在路上，安全不是一朝一夕能够成就的工程，而是我们一点一滴积累起来的成果，当我们陶醉于世界为中国速度唱赞歌的同时，一次又一次的安全事故给我们敲响了安全生产的警钟。公司要转型发展，更要安全发展。唯有增强安全法治，提升安全意识，变被动为主动，形成一种习惯、一种风气、一种文化，安全的屏障才会坚不可摧。公司未来的安全生产工作仍是管理工作中的重中之重，只有"撸起袖子加油干"将安全生产工作持之以恒做好，勇于创新，始终保持着与时代合拍，与发展同步的创新锐气。不断提高安全生产的管理水平，在转型升级过程中持续优化安全管理体系，持之以恒运用精细化的创新管理模式，才能筑牢公司安全发展的基石。

中国旅游客运行业发展报告（2019—2020）

一、宏观背景与政策环境

（一）我国经济由高速增长转入高质量发展，社会经济迈入新阶段

2019 年是我国全面建成小康社会的攻坚年。我国国民经济总体运行平稳，发展水平迈上新台阶，人民生活福祉持续增进，各项社会事业繁荣发展，生态环境质量总体改善，全面建成小康社会取得新的重大进展。2019 年全年实现国内生产总值 990865 亿元，比上年增长 6.1%，是自 1990 年以来增速最低，经济增速放缓，下行压力加大。2019 年全国居民人均可支配收入 30733 元，比上年增长 8.9%，扣除价格因素，实际增长 5.8%。城镇居民人均可支配收入实际增长 5.0%，农村居民人均可支配收入实际增长 6.2%，各项社会事业健康发展。自 2017 年中央提出由高速增长阶段转向高质量发展阶段以来，社会经济各领域发展以提升质量和效益为目标，不断推进创新发展、绿色发展和协调发展，社会经济正在迈入新阶段。

2020 年是"十三五"的收官之年，也是"十四五"规划的筹划之年。我国仍然面临着很多新机遇、新挑战、新问题。中美经贸摩擦升级，经济和非经济领域的挑战增多，世界范围内的保护主义和民粹主义兴起，外部环境更为复杂多变。新型冠状病毒肺炎疫情的全球大流行，使得外部环境和国内发展的不确定性增加，发展形势更为错综复杂。我国经济发展面临新旧动能的转换，经济稳中有进的态势并未改变。2018 年中央针对国内外经济形势的变化，提出了稳就业、稳金融、稳外贸、稳投资、稳预期等"六稳"。2020 年 4 月，中央政治局在重申"六稳"的同时，提出了"六保"，保居民就业、保基本民生、保市场主体、保粮食能源安全、保产业链供应链稳定、保基层

运转，这是在面对疫情冲击，中央根据国内外政治经济形势而制定的基本方针。

（二）综合交通格局初步形成，交通和旅游融合发展加速

2019 年，我国初步形成以高铁、高速、民航为主的多维交通格局，智慧交通、城市轨道交通快速发展的态势明显。2019 年，全国铁路营业总里程达到 13.9 万公里，其中，全国高铁营业总里程 3.5 万公里，是 2008 年高铁通行以来的 53.7 倍。当前，我国已经建成了世界上最现代化的铁路网和最发达的高铁网。全国公路总里程达到 501.25 万公里，其中，高速公路总里程 14.96 万公里，总里程居世界第一位。民航 2019 年完成旅客运输量 6.6 亿人，比上年增长 7.9%。2019 年，我国已经基本完成"十三五"现代综合交通运输体系规划中的各项任务，形成了基本与小康社会相适应的交通体系。网络覆盖加密拓展，综合衔接一体高效，运输服务提质升级，智能技术广泛应用，绿色安全水平提升。基本实现高速铁路覆盖 80% 以上的城区常住人口 100 万以上城市。基本建成安全、便捷、高效、绿色的现代综合交通运输体系。

交通运输是旅游业发展的基础支撑和先决条件。近年来，我国交通运输与旅游融合发展已经成为新趋势。交通企业涉足旅游行业，成为旅游与交通融合发展的实践者和推动者。交通企业在创新旅游交通产品，提升旅游交通服务品质，扩大新需求，创造新供给，更好地适应经济社会发展和人民群众旅游需求新变化等方面发挥着重要的作用。加速交通运输与旅游融合新业态新模式发展，推动旅游专列、旅游风景道、自驾车房车营地、邮轮游艇旅游、低空飞行旅游等发展，为旅游业"促投资、促消费、稳增长"提供坚实支撑，已经成为全国多地的实践。同时，2019 年还是"两个一百年"历史交汇期，是全面建成小康社会目标攻坚之年，是全面脱贫攻坚战的关键之年。以旅游交通为引擎，突出旅游赋能，通过旅游交通融合带动脱贫致富。以旅游交通融合为工作抓手，多地开展乡村班线、旅游专线、旅游包车等业务，搭建起非贫困地区与贫困地区之间人流、物流、现金流的沟通桥梁。将客流输送到贫困地区，将农副商品输送到贫困地区之外，成为激活城乡双向流动，实现城乡统筹发展的重要途径。

2019 年 9 月，中共中央、国务院印发《交通强国建设纲要》，其中对交通和旅游的融合发展问题，提出了"要加速新业态新模式发展，深化交通运输与旅游融合发展，推动旅游专列、旅游风景道、旅游航道、自驾车房车营地、游艇旅游、低空飞行旅游

等发展，完善客运枢纽，高速公路服务区等交通设施旅游服务功能。大力发展共享交通，打造基于移动智能终端技术的服务系统，实现出行即服务。"《纲要》对推动交通服务便利化、舒适化发展，颇为重视。2019年，各地交通高速路休闲区改造提升活动不断进行，旅游集散中心建设加速，各类风景道和旅游主题公路不断推出，旅游汽车的舒适化、智能化水平不断提升。

当前，旅游交通交汇的服务场所，已由传统的旅游集散中心升级为旅游综合体、交通综合体等新兴业态，集成旅游和交通综合服务功能。为顺应这种新的服务转型升级，以汽车厂为代表的交通运输设备制造商，优化供给产品，扩大了汽车产品的应用场景。促进汽车生产，从以大型客运汽车为主，到向研发特种车辆转变；促进汽车应用，从单一运输服务场景，向智能化、休闲化等多元场景转变。围绕满足游客不断增长的旅游休闲需求，旅游交通融合深度融合的产品不断涌现。

（三）旅游消费成为驱动经济发展的新动力，居民出行方式呈现新变化

当前，我国社会主要矛盾已经转化为人民日益增长的美好生活需要和不平衡不充分的发展之间的矛盾。人民群众从旅游中获得精神愉悦和享受，旅游越来越成为现代生活方式中不可缺少的内容，旅游行业取得了长足的发展。2019年国内游客60.1亿人次，比上年增长8.4%；国内旅游收入57251亿元，增长11.7%。随着我国人均GDP进入万元时代，消费需求的升级趋势明显，年轻一代和中等收入群体对旅游、体育、户外运动、康养等方面的消费需求不断上升。对个性化、品质化产品和服务的需求不断增加，国内消费需求成为经济转型升级的巨大推动力。

面对这样的消费潮流，传统旅游产业已经不能满足新的市场需求。特别是在旅游出行领域，近些年的变化更是风起云涌，高铁、民航的快速扩张，新的信息技术和新的商业模式重塑了旅游产业链，传统的旅游出行方式市场空间越来越小，正在面临转型、升级或者消亡的命运。根据统计显示，2019年全年旅客运输总量176亿人次，旅客运输周转量35349亿人公里，其中铁路旅客运输总量为36.6亿人次，比上年增长8.4%；公路旅客运输总量为130.1亿人次，比上年增长-4.8%；水运旅客运输总量为2.7亿人次，比上年增长-2.6%；民航旅客运输总量为6.6亿人次，比上年增长7.9%。民航、高铁成为居民出行的首选，而公路和水路客运呈现出明显下降趋势。一方面是由

于近些年民航和高铁网络对大中城市的全覆盖，另一方面也存在自驾车、网约车、轨道交通对公路客运市场的挤压，从而加速了公路客运企业在中短途上客流量的进一步流失。

（四）旅游目的地建设加速，全域智慧旅游建设步伐加快

2019 年，文化和旅游进入了深度融合发展时代。文化遗产、文化设施和场馆、非物质文化遗产等融合不断深化。整合多类文化旅游资源的复合型目的地建设加速。同时，2018 年年底的中央经济工作会议提出"新型基础设施建设""加快 5G 商用步伐，加强人工智能、工业互联网、物联网等新型基础设施建设"，也从更广的层面，推动了旅游目的地的智慧化提升。特别是随着大数据、物联网、云计算、人工智能等新技术对旅游业的渗透，通过科技赋能传统旅游产业，整合目的地资源，提升目的地智能化水平成为旅游目的地建设的重点。此外，2019 年 9 月，首批 71 家国家全域旅游示范区通过验收。这些示范区覆盖 31 个省区市，在体制机制、政策创新、公共服务、交通体系等均有创新举措。在推动旅游目的地全域、全时、全产业链发展方面，起到了积极的作用。在 2019 年，国内多个旅游目的地完善了基础设施和公共服务，推动了旅游交通枢纽、集散中心建设，绿道、慢行系统、旅游公路、风景道、文化主题线路等建设方兴未艾，露营地、汽车旅馆、驿站、观景台等全域配套设施不断完善，慢游系统正在形成。以全域旅游示范区建设为抓手，多地也完善基础设施和公共服务，集中提升了目的地的综合服务水平和智能化服务水平。例如，很多地方建立起智慧旅游大数据监测平台，及时掌握区内交通流量和流向，对游客行为进行基于大数据的分析，也有地方推出了基于移动网络终端的应用软件，通过网络平台整合线下资源，实现目的地服务功能的提升。例如，2018 年上线的"一部手机游云南"，就是政府与企业联合打造的全域旅游智慧平台，由旅游大数据中心、游客服务平台和政府监管平台等构成。开启了国内以"一机游"为代表的旅游智慧平台建设。此后，各省市纷纷出台的如"一机游三秦""一部手机游乌鲁木齐""一部手机游安徽"等，都显示出全域智慧旅游建设的加速。

（五）旅游进入高质量发展时代，新兴市场蓬勃兴起

2019 年，促进旅游业的高质量发展成为重点，着重在中高端消费、创新引领、绿色低碳、共享经济等领域培育新的增长点、形成新动能。旅客出行服务是交通运输与其他产业融合发展、生成新动能的关键领域。未来在互联网信息传输、大数据处理分析、车辆无人驾驶、人工智能等新技术的带动下，以及在居民收入和消费水平提高、消费结构加速由物质型消费向服务型消费转变、城镇化进程加速等多重因素的影响和作用下，邮轮游艇、通用航空、自驾车、房车营地、定制公交等新型旅客出行方式将明显增多，以安全、快速、舒适、经济、准时、绿色为主要特征的出行需求将大幅增长。新技术、新业态、新模式的不断涌现，交通运输与信息、制造、农业、物流、旅游、人工智能等行业的深度融合，将催生出种类更多、质量更高、品质更优的旅客出行服务，居民旅游出行可选择的交通服务种类和品质将更加多样化。

近年来，随着消费者需求的不断提升和旅游业供给的不断细分，以红色旅游、冰雪旅游、康养旅游、研学旅行、夜间旅游为代表的新兴旅游市场蓬勃发展。在出行方式上呈现出自助式、个性化、亲密化、小团体化的特点。这些新兴市场需求创造出对旅游出行服务的更高品质、更精细、更舒适化的要求，传统的交通工具和服务模式已经明显制约了市场潜在需求的释放。传统的交通出行领域，将根据需求进行资源整合与无缝连接，才能够精准服务这些需求。与高铁相比，旅游客车具有服务灵活、点对点、门对门、一站式的特点，可以成为小团队出游的首选方式，但长久以来，以接待大型团队游客而形成的旅游客运行业的大型国有企业和中小型客运公司并存的市场结构，在公司内部大巴车为主、小型巴士为辅的车辆规模，以及人员结构等，都还不能满足当前的市场需要，面临着转型升级的压力。新兴市场的不断崛起，对客运行业精细化服务水平提出了挑战，如何应对好这些挑战，成为旅游客运行业未来转型升级的重点和难点。

（六）疫情对旅游业短期冲击巨大，复苏和重振效果如何仍待观察

2020 年新型冠状病毒肺炎疫情突发，新型冠状病毒肺炎疫情是中华人民共和国成立以来所发生的传播速度最快、感染范围最广、防控难度最大的一次重大突发公共卫

生事件。按照疫情防控的要求，减少人员流动，各地面对疫情采取了一级响应机制，暂停旅游企业经营活动，最大限度降低了人员流动，以人员流动为特征的旅游业遭受到前所未有的巨大冲击。

2019 年上半年国内旅游人数达 30.6 亿人次，实现旅游收入 2.78 万亿元。2019 年全年旅游人数为 60.6 亿人次，旅游总收入为 65200 亿元。根据中国旅游研究院假日数据监测和对比，2020 年春节假期七天，全国共接待国内游客 2.48 亿人次，实现国内旅游收入 2781 亿元，分别同比减少 40.3% 和 45.9%。2020 年清明假日期间全国国内旅游接待总人数 4325.4 万人次，同比减少 61.4%；实现旅游收入 82.6 亿元，同比减少 80.7%。劳动节假期五天，全国共接待国内游客 1.15 亿人次、旅游总收入 475.6 亿元，按可比口径较 2019 年劳动节分别恢复了 53.5% 和 36.7%。五一期间，游客平均出游时间已超过 40 小时，出游距离为 136 公里，其中本地游客平均出游距离 40.5 公里。游客目的地的平均游憩为 16.7 公里，较 2020 年春节长假平均值提高了 50%，选择自驾出游的游客比例达到 64.1%，创历史新高。

旅游业和客运业是新型冠状病毒肺炎疫情影响最严重、冲击面最广、冲击力度最大的行业之一。春节以来的新型冠状病毒肺炎疫情给旅游经济带来严重影响，旅游、客运等劳动密集型服务业受到了严重冲击。旅游客运业经营主体以小微企业为主，抗风险能力较差，吸纳就业普通人就业的能力较强。以 2018 年为例，我国旅游直接和间接就业占全国就业总人口的 10.29%。疫情之下，旅游客运业成为保市场主体和稳岗压力最大的行业之一，很多地方出台了一系列的扶持政策和措施。短期来看，随着疫情缓解和跨省游的开放，"十一"黄金周旅游市场复苏明显。长期看，这些行业的复苏效果如何，仍取决于国内外疫情未来发展和国内相关扶持政策的效果显现。

二、2019 年中国旅游客运业总体态势

（一）旅游客运的界定

从广义上来说，旅游客运是指以运送旅游者游览观光为目的的旅客运输方式。按照道路运输条例中的解释，客运是指以汽车、火车、飞机为主要运输工具实施的有目的的旅客空间位移的运输活动。汽车客运主要包括了班车客运、包车客运、旅游客运、

出租客运四种类型。从狭义上来说，旅游客运是汽车客运的一种类型。狭义的旅游客运和班车客运、包车客运相比具有以下特点：一是运送的旅客是旅游者，二是开行的线路的起讫地一方必须是旅游区，三是以观光为主、中途停靠点和时间服从旅游计划的安排，四是多数情况下为往返包车，五是车辆舒适性较强，适宜旅游休闲。

随着我国居民出行行业的发展，班车客运、包车客运和旅游客运之间的交叉重叠越来越多，为此，2016 年交通运输部第六次修订《道路运输及客运站管理规定》，将旅游客运重新分类，分为定线客运和非定线客运两类，定线客运按照班车客运管理，非定线客运按照包车客运管理。

（二）2019 年我国旅游客运行业发展态势

1. 整体下滑：传统公路客运行业不景气，客车销量加速下滑

2019 年在传统公路客运行业不景气的背景下，旅游客运业务量持续下滑，道路客运市场不断萎缩已经成为无法逃避的事实。根据我国交通运输部数据：2019 年公路旅客运输量为 130.1 亿人次，同比下降 4.8%。旅客周转量为 8857 亿人公里，同比下降 4.6%。传统认为，2002—2012 年是客运行业的黄金十年，这 10 年间客运量每年增长 10% 左右。2012 年是客运行业的拐点，此后，客运行业进入了连续的负增长。自 2015 年道路客运出现断崖式下降以来，直到 2019 年，整个客运行业一直处于 6% 左右的负增长态势，2013—2019 年我国公路旅客运输量如图 13 所示：

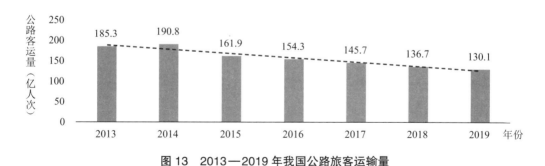

图 13 2013—2019 年我国公路旅客运输量

同时，从与旅游客运业联系紧密的客车制造行业看，2019 年，5 米以上客车和 6 米以上新能源客车的销量与 2018 年相比都有不同程度的下降。根据客车信息网的数据：2019 年全年，行业共销售 5 米以上客车 189630 辆，同比下滑 6.72%；2019 年全年，行

业共销售 6 米以上新能源客车 76278 辆，同比下滑 16.76%。客车销售量的下滑和行业的不景气反映了客车制造同出行需求的不匹配，具体数据如图 14 所示：

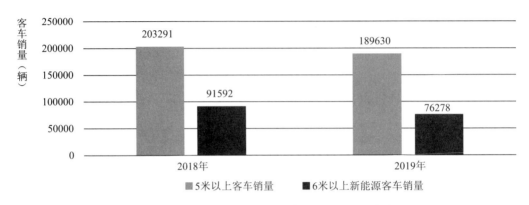

图 14　2018 年与 2019 年客车销量（单位：辆）

2. 竞争加剧：客运企业纷纷涉足旅游业，运游融合深度发展

近年来，在高铁、民航的替代压力下，公路交通运输企业承受了很大的压力，在中长线上面临被高铁和民航替代的局面，2019 年道路客运市场进一步萎缩。各类道路运输企业纷纷寻找出路，而旅游出行领域，成为近年来的增长热点。与公路客运业不断下行的态势截然不同，国内旅游休闲出行需求呈现出暴发式增长。2019 年，我国国内旅游人数达到 60.06 亿人次，人均出游 4.29 次。旅游出行市场蕴含大量的新增需求，交运集团、道路客运企业等纷纷关注旅游需求、开始涉足旅游业。建设游客集散中心、制定更为人性化的线路、在旅游景区设立站点、积极更换更舒适的车辆，培训提升驾驶员服务水平等，加速进入旅游出行市场。旅游出行市场由于其庞大的规模、旺盛的出行需求、持续的强劲增长力，成为道路客运领域新的发展潜力所在。由于传统客运班线、车辆设备、服务水平等仍然难以满足当今旅游休闲消费的出行需求，因此，如何服务不同的细分市场，实现"旅游＋客运"的深度融合，就成为诸多客运企业实践的重点。

2019 年 7 月 24 日交通运输部发布了《道路旅客运输及客运站管理规定（征求意见稿）》，2020 年 7 月 2 日通过道路旅客运输及客运站管理规定（中华人民共和国交通运输部令 2020 年第 17 号）。内容主要包括优化客运许可、简化客运经营许可条件、放宽客运经营限制、激发市场活力等。放宽客运经营限制，简化客运经营许可条件使得客运企业的建立变得更加容易。在此背景下，大量中小型旅游客运企业应运而生，旅游客运行业的经营主体越来越多，竞争态势更为复杂。

3.多元化明显：旅游客运企业多元化发展态势明显

谋求多元化发展是旅游客运企业应对外部竞争、削弱旅游业季节性影响的重要手段，近年来，越来越多的旅游客运企业开始业务多元化探索。一方面，随着区域经济发展，产业调整升级，越来越多的大中型城市建立了大型工业园区和经济开发区。比如苏州工业园区、上海宝山工业园区、西安市经济开发区、成都市的多个工业园区。工业园区和经济开发区内拥有众多企业，加之大多地处偏远郊区，由此产生了大量的班车客运需求。另一方面，在传统旅游出行领域，由于航空、高铁、自驾车以及轨道交通的替代，自助出游越来越普遍，团队旅游的比例在不断下降，旅行社对旅游汽车公司的用车需求也在降低。处于大中型城市的旅游客运企业借助各类园区的发展，慢慢开展起了通勤业务，成为公司相对稳定的补充，并占据越来越多的份额。比如陕西省旅游汽车有限公司、苏州市外事旅游汽车有限公司等企业。这部分业务大多是长期签约，需求和收入相对稳定，没有明显的季节性，不存在收入大幅波动。疫情对班车通勤业务的冲击也不大，相对于旅游客运业务的波动性，这部分业务更加稳定和可靠，成为很多传统旅游客运公司的基础业务。同时，一些小微旅游客运公司充分发挥了"船小好掉头"的优势，充分开发研学旅游、红色旅游、银发旅游等市场，在业务相对多元化的基础上，实现了发展。最后，对于行业内大型综合性客运集团来说，在交通运输和旅游服务的全产业链上进行布局，旅游业务本来就是公司战略中的一个板块，旅游客运的价值在于同其他业务的有效衔接，互相促进，相得益彰。

4.定制化增加：个性化旅游需求对旅游客运企业的定制化要求增加

2019年，旅游需求个性化程度加深，对旅游客运的定制化要求进一步增加。定制化要求主要针对三个方面，即客车车辆的定制化、旅游客运线路的定制化以及服务的定制化。其一，车辆定制化是指随着出行需求的转变，大型团越来越多的转变成小型团和精品团，由此对运输车辆的配置、型号、座位舒适程度的需求也发生了变化，车辆"大改小"趋势明显。车辆"大改小"一方面适应了小型团和精品团的运载人数和需求，另一方面九座以下的客车可以由持有 C1 照的驾驶员驾驶，一定程度上缓解了 A 照驾驶员紧缺的问题。很多企业已经纷纷购置更为安全、舒适、贴合市场需要的中小型车辆，中小型车辆的保有量有所增加。其二，线路定制化是指为了减轻高铁等对旅游客运线路的替代，旅游客运企业探索提供更高质量的服务，例如，针对高铁站离市区较远的弊端，有些旅游客运公司看准市场机会，积极拓展点到点、门到门的接送服务，乘车和下车地点不局限于高铁站、集散中心等地，尝试上门接送。线路定制化可以更好地提升客运车辆的吸引力，增加客运需求，但在实践中也存在很多政策掣肘的因素。其三，服务定制化是指提供更加个性化和精细化的服务，根据顾客自身的特点和需求，改进车辆设施和提升服务水准，加强驾驶员的业务培训、安全管理和心理疏导，为旅客营造更舒适的乘车环境、更全面体贴的乘车服务等。服务定制化根本上还是为了增加旅游客运车辆的吸引力，促进旅客选择客运服务。

5. 主题化发展：旅游细分市场推动客运线路的主题化发展

随着旅游业的高速发展，旅行需求向个性化和主题化深层发展，市场细分的程度越来越高。传统的旅游活动难以使旅行者感到新奇和满足，而是更倾向于寻求一种有主题的、更深层次的旅游体验。2019 年，以研学旅游、红色旅游以及夜间旅游为代表的细分市场，大大推动了旅游客运的发展。研学旅游又叫修学旅行，涉及学习传统文化知识到自然体验等，涵盖各个领域。其以集体旅游生活为载体，以提升学生素质为目的。随着素质教育要求的提升，越来越多的学生选择研学旅游，这部分需求高速增加。同时为了更好地贯彻落实主题教育的总要求、根本任务和具体目标，文化和旅游部积极部署，以红色文物、红色典籍、红色经典剧目和红色旅游等资源为抓手，传承红色基因，借由旅游的形式开展主题教育活动，各地红色旅游得到快速发展。2019 年，我国大力促进文旅融合，促进红色旅游与红色文化进一步融合，红色旅游成了新的时代特色。2019 年，各地夜间经济发展迅速，夜间表演、夜间娱乐、夜间美食等多种消费方式，催生了不同团体对旅游客运的需求。

6. 线上线下融合：客运企业拓宽揽客渠道，线上线下融合发展加速

互联网的高速发展为很多传统行业都注入了新的生机和活力。对于旅游客运企业，线上渠道的扩展使得其相关业务量需求增加，对于旅游客运行业是利好。如何利用好互联网这一线上渠道，对于旅游客运企业未来的发展至关重要。在此背景下，2019 年，国内多个旅游客运公司注重线上线下的融合发展，一方面，继续加强同旅行社、景区、政府机关、社会团体等的线下业务合作，另一方面，积极同各大平台、网站、应用程

序开发商合作，实现线上的营销和销售，大大拓宽了销售预订的渠道。具体来说，大致可以分为三类：一是企业在自己的企业官网或者公众号提供租车或者业务服务；二是基于汽车租赁的互联网平台，比如巴士管家、好行网、神州租车和租租车等平台提供预订服务；三是基于旅游目的地的综合工具，比如国内多个地方推出的"一机游"目的地营销和预订系统，提供服务。例如巴士管家、好行网等互联网平台整合了国内多家公司、不同品牌、不同类型的大中小汽车和房车，可以方便顾客从中挑选。这种模式为旅游客运企业拓宽了揽客渠道，增加了业务量。又如在综合平台建设方面，各地推出的"一机游"项目，把当地客运公司整合进综合平台，形成了"吃、住、行、游、购、娱"的完整链条，带动了旅游客运业的快速发展。以云南为例，截至2019年年底，"一部手机游云南"面向游客端的"游云南"App的下载量达到500万，为公众提供超1亿次服务。云南的旅游客运公司在"一机游"的带动下，业务增长明显。

（三）2019年主要旅游客运企业数据分析

为了更加深入详细地了解旅游客运企业2019年的发展现状、盈利水平、面临问题及制约因素等，课题组于2020年5月对行业内近百家主要旅游客运企业进行了问卷调查。同时，在2020年6月到2020年10月，对贵州、云南、福建、陕西、江西、北京等地的典型旅游客运企业进行了深入座谈和走访，在此基础上，形成了主要旅游客运企业的数据分析和重点研判。

1. 企业人员规模与构成

（1）从业人员规模

根据问卷调查的数据，2019年被调查企业的人员规模中位数为140人，200人以下的公司占调查公司的比例高达64.1%，超过1000人的大型企业占10.26%。这也显示出旅游客运行业中小企业为主，同时也存在一定数量的龙头企业（见图15）。

与2018年调查企业人员规模的中位数相比（2018年中位数为150），人员规模中位数有进一步缩小的趋势。在不考虑抽样误差的情况下，从总体上看，企业人员规模是缩小的。这可能是整个行业不景气带来的人员流失所致，也可能是更多小微企业加入导致的市场主体的结构变化所致。2019年企业总人员中从事旅游客运业务的人员平均比例为78.78%，从事旅游业人员规模的中位数为113人，从一定程度上反映出行业内中小企业多以旅游业务为主的行业现状。

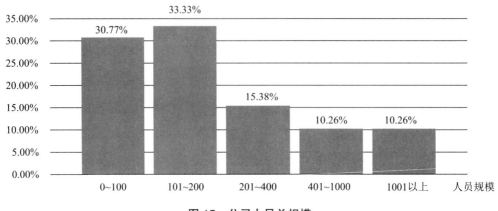

图 15　公司人员总规模

（2）驾驶员规模

在被调查企业中，居于旅游客运业务核心地位的驾驶员数量信息，如图 16 所示：

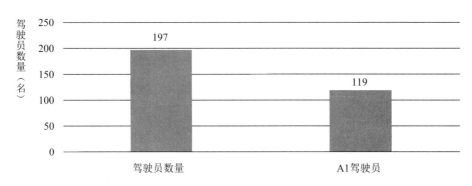

图 16　驾驶员数量

在被调查企业中，总的驾驶员数量平均为 197 人，拥有 A1 驾照资格的驾驶员平均为 119 人。A1 驾驶员最小年龄在 30 岁及以上的企业占比 87.80%，最小年龄在 35 岁及以上的企业占比 63.41%，平均来看，接近九成企业中，拥有 A1 资格的驾驶员年纪在 30 岁以上，且八成以上的驾驶员都持有 A1 驾照，这也与当前旅游客运公司大车为主、驾驶员年龄普遍偏大的现状密切相关，显示出旅游客运行业在人才方面的突出特征和面临的制约。

2.企业车辆构成

（1）车辆规模和车型

从受访企业车辆规模看，受访企业平均拥有的旅游客运服务汽车数量为202辆。其中，采用公司自营方式的平均占比36.08%，承包经营占比35.30%。

从受访企业拥有的旅游客运服务汽车类型来看，传统45座以上的旅游客运服务汽车的平均数为104，16~45座旅游客运服务汽车的平均数为96，低于16座旅游客运服务汽车的平均数为6。受访企业拥有的传统45座以上的旅游客运服务汽车占比为50.49%，16~45座旅游客运服务汽车占比为46.60%，低于16座旅游客运服务汽车占比为2.91%。这一组数据显示出：在旅游客运行业中，九成以上的保有车辆仍然是16座以上的大中型车辆，16座以下的小型车还有很大的发展空间。

（2）新能源车保有量

从被调查企业新能源车辆保有来看，受访企业拥有的纯电动车数量平均为12.7辆，未来五年计划引进平均为5.2辆，从事旅游客运的纯电动车平均为5.2辆。用于旅游客运的纯电动车占比为40.94%（见图17）。

在受访企业中，拥有纯电动车的企业数量占总企业数量的比例仅为42.11%。也即：将近六成的企业目前还未拥有纯电动车。调查企业中，拥有纯电动车数量最多的为116辆，占公司用于旅游服务车辆总数的48.74%。

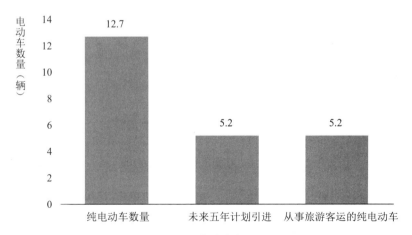

图17 电动车数量

未来五年计划引进纯电动车的企业数量比例为26.32%。即大约三成的企业计划未来五年引进纯电动车。这一数据显示出电动车等新能源车辆在旅游客运行业普及程度并不高，而且未来购买的意愿也不够强。一方面，可能受制于电动车续驶里程、充电要求等技术性能的制约；另一方面，囿于续驶里程短、充电速度慢和充电设施不足等问题，加之旅游客运行业的自身特征，决定了电动车辆当前的技术水平还不能够很好地满足行业经营的需要，难以满足旅游客车实际运营需求。

（3）影响因素

是什么因素影响了企业更新新能源车辆的积极性？根据对企业的问卷调查，通过对电动车自身因素（续航里程、价格）、配套设施（充电设施、维护成本）、行业匹配度三个维度的考察，续航里程、与旅游客运的匹配程度以及基础设施不完善等三大因素，是影响企业更新电动车的主要因素（见图18）。

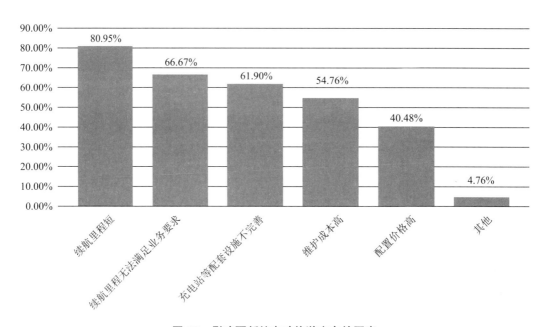

图18　影响更新纯电动旅游客车的因素

可以发现影响企业更新纯电动旅游客车的最主要因素是——续航里程短。纯电动车续航里程短的缺点使得其在旅游客运业务中的适用场景受限，续航里程难以满足业务要求。这是旅游客运企业较少保有纯电动车的最主要原因。除此之外，还有充电站等配套设施不完善、维护成本高、价格高等原因。

3. 主要业务

（1）业务量

从受访企业平均旅游业务量来看，2019年受访旅游客运企业平均服务103.81万人，中位数为64.26万人，多数企业接待不足一百万人次。

（2）业务来源

受访企业的旅游客运业务最主要的来源是旅游企业和其他社团，政府采购和散客租赁也占有不低的比例。由此可见，旅游行业内部，相关旅游企业的业务需求仍旧是旅游客运企业的主要业务来源。这从一个侧面显示出旅游客运行业在旅游业整个产业链条中的从属性地位，说明了旅行社同旅游客运一荣俱荣，一损俱损的紧密性连接。通常只有被整合到"食、住、行、游、购、娱"的完整产业链条中，旅游客运才能够发挥其重要的作用。具体调查结果如图19所示：

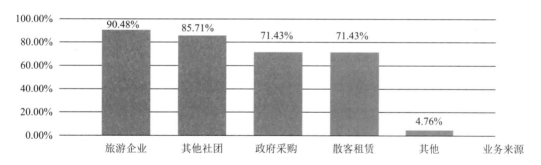

图19 旅游客运业务来源

（3）高铁影响

在高铁对旅游客运业务的影响方面，调查结果如图20所示。三成企业认为高铁线路与原有旅游客运线路完全重合，旅客客运企业完全失去发展空间。这部分企业认为高铁对旅游客运行业的冲击是相当剧烈的。超过五成的企业认为高铁与原有旅游客运线路部分重合，高铁线路超过原有旅游客运线路长度。将近四成的企业认为虽然高铁与客运线路重合，但仍然可以二者并行发展。从这个调查可以看出，高铁对于旅游客运业务的影响还是相当大的，是一个巨大的外部压力，并且这个外部压力还在不断地扩张中，旅游客运公司的市场被大大挤压，日子艰难可想而知。但同时，对于高铁之后是否还有机会、发展前景如何，不同客运企业的态度却完全不同，仍然有将近40%

的受访企业觉得还有并行发展的空间。

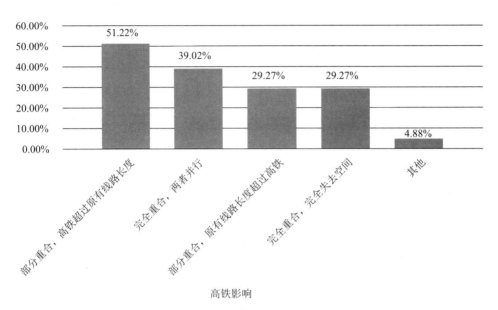

图20　高铁对旅游客运业务的影响

（4）人员制约

对旅游客运企业来说，人员制约非常明显。主要制约因素如图21所示：

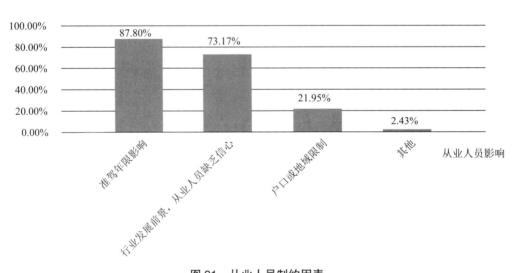

图21　从业人员制约因素

从业人员对行业发展的影响客观方面最重要的因素是准驾年限的限制，这一规定使得符合条件的驾驶员越来越稀缺，提高了企业的人力资源成本。主观方面来看，最突出因素是从业人员对行业发展前景担忧，缺乏信心。这也是旅游客运行业目前面临重重困境下，无法避免的问题。随着从业人员的信心缺失，也会反过来进一步加剧旅游客运行业目前高素质人员和驾驶员短缺的现状。旅游客运行业借助新的科技力量和组织创新，实现转型升级，并借此释放良好的发展信号，才能为行业凝聚更多优秀的人才。

（5）新技术应用

促进互联网、人工智能、物联网、新能源等新技术在旅游客运行业的快速渗透，是实现行业转型升级的最有效途径。在调查中，旅游客运企业对新技术的使用程度不一，具体结果如图22所示。在技术应用方面，北斗卫星导航、交通大数据、汽车电子技术、物联网等在旅游客运企业都有较多的应用。

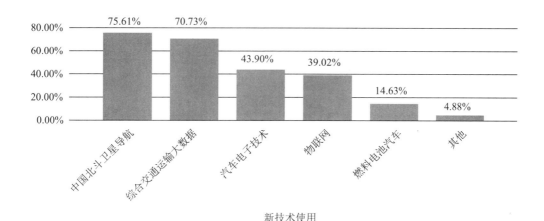

图22 新技术在旅游客运业的应用

受访企业目前使用最多的新技术是中国北斗卫星导航和综合交通运输大数据。其中推动大数据与综合交通运输深度融合，有效构建综合交通大数据中心体系也是旅游客运行业的发展新趋势。其次，对物联网和汽车电子技术的应用也比较多。

4.营业收入与利润

（1）营业收入

受访企业2019年营业收入的中位数为2384万元，平均数为5940万元。71.43%的企业的营业收入处于0~5000万元之间，营业收入超过1亿元的企业也具有一定的比例，占14.29%（见图23）。

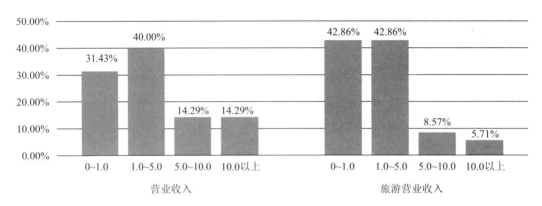

图 23　2019 年营业收入和旅游营业收入（单位：千万）

2018 年受访企业的营业收入的中位数为 3000 万元；2019 年受访企业旅游业务收入的中位数为 1630 万元，平均数为 3110 万元。不考虑抽样误差的情况下，整体上企业营业收入是减少的。旅游业务收入占总营业收入的平均比例为 52.35%。85.72% 的企业旅游业务收入处于 0~5000 万元之间。旅游业务收入超过 1 亿元的企业只占 5.71%。

（2）盈利水平

2019 年受访企业中，处于盈利水平（营业利润为正）的企业占比为 74%，处于亏损状态的企业为 26%。2018 年受访企业中，营业利润为正的企业占比为 67%。不考虑抽样误差的情况下，整体上盈利企业的占比是增加的（见图 24）。

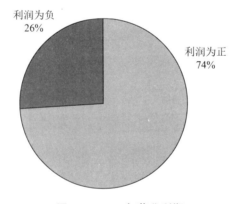

图 24　2019 年营业利润

2019 年，受访企业的营业利润平均数为 290 千万元。旅游业务利润的平均数为 110 千万元。与企业其他业务相比，旅游业务的平均利润不高。

三、旅游客运业面临的困境、转型及创新

（一）旅游客运行业面临的挑战、困境及问题

1. 从外部环境看，旅游客运行业的应用场景不断消失

在中国旅游四十多年的发展中，旅游客运行业曾经发挥着重要的作用，是旅游业六要素中的重要一环，承担着"行"的重任。但是随着高铁、民航等大交通的发展，以及自助游的兴起，旅游客运行业可以应用的场景发生了显著变化，面临着外部多方面的威胁和挑战。具体来说：（1）民航、高铁、城际交通的快速发展，对旅游客运行业在中长距离的替代非常明显，中长途旅游客运市场受到了剧烈冲击，业务需求锐减。甚至整个客运行业都受到冲击，原有的班线、旅游客运的客源都转向高铁和航空等。（2）在城市内部轨道交通、共享汽车、共享单车等多种出行方式的出现，对城市内部的旅游客运业务也构成替代，进一步挤压了旅游客运的发展空间。（3）自驾车旅游、租车业务的兴起，使得长途自驾或者落地自驾成为旅游出行的主流，旅游客运行业包团旅游、乘坐大巴车集体出行的旅游方式日渐式微。（4）大型或超大型城市景区周边及城市核心区交通管理严格、流量饱和、堵塞严重、停车位紧张、食宿成本高等一系

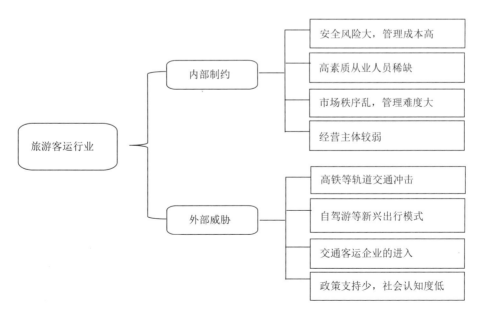

图 25　旅游客运行业面临的内部制约和外部威胁

列问题，也使得旅游客运很难适应这样的场景要求，开展业务困难重重，只能让位于公共交通。（5）随着交旅融合的不断推进，国内众多交通客运企业开始进入旅游领域，从根本上改变了旅游客运行业的竞争格局。原有班线客运为了谋求发展，也进入旅游客运经营领域，更加剧了客运行业的竞争态势。这些都为旅游客运业的长期、持续和健康发展提出了挑战（见图25）。

2. 从行业发展看，旅游客运业面临三大困境，谋求发展难

旅游客运行业既有大型国有企业，也有小微的民营企业，规模不同，业务各异，盈利水平不一。但具体到旅游业务，总体来说，都主要面临着三大困境：（1）市场混乱。旅游客运是交叉行业，行业边界模糊，相关管理部门多，行业秩序比较混乱，资质不全、非法营运等问题层出不穷，安全事故等问题时有发生。导致市场低价竞争、多头作业、打擦边球等现象屡禁不绝，市场秩序混乱、无序，安全风险较大，安全管理成本高。部分违规操作的企业，一方面，依靠低成本，通过低价竞争扰乱市场秩序，抢占了正规运营企业的市场份额。另一方面，由于正规营运企业对安全管理、操作规范、车辆质量等的重视，又会导致安全管理成本较高、管理人员较多，很难在价格和机动性上同违规企业竞争，长此以往，形成了"劣币驱逐良币"的现象，使得整个行业服务质量参差不齐，影响了整个行业的高质量发展。（2）人员老化。首先，旅游客运业驾驶员养成周期长，行业薪酬不高，社会地位较低，老人流失严重，新人不愿意进入，导致整个行业驾驶员紧缺，人员结构老化等问题突出。旅游客运业人员平均年龄较高，很多公司正面临新老交替的现象，大批老员工退休后，面临着后继无人的困境。尤其和公交司机等其他类型驾驶员相比没有明显优势，旅游出行路况复杂，驾驶工作承担的风险大。工作压力大、生活负担重，工资待遇不高、行业前景不好等原因使得A1驾驶员持续处于紧缺状态，出现"车比人多"的现象。再加之新型冠状病毒肺炎疫情的暴发和持续，对旅游客运行业产生了巨大的影响，使得驾驶员改行和跳槽流失严重，人员紧缺的问题进一步加剧。疫情得到控制后，企业复工会面临难以招到驾驶员的窘况。其次，旅游客运企业缺乏高层次、技术型的年轻人才推动创新发展。作为传统行业，旅游客运企业同新兴的互联网、新兴技术等产业融合不明显，发展前景不明朗，应用场景越来越少，盈利水平较低，很难吸引高层次的技术性人才，未来行业创新升级发展受限。（3）管理僵化。当前，在移动互联网，大数据、人工智能、5G

等新技术不断应用的背景下，我国居民消费升级的速度前所未有。这就要求管理部门的管理更富有"柔性"和"弹性"以适应当前更为碎片化、散客化的旅游消费需求，也要求旅游客运企业提供的产品能够不断推陈出新，根据市场需求，实现迭代。但是在实际生活中，旅游客运安全管理事关重大，管理规定过多过细，采取"一刀切"等办法，同时，相关的管理规定之间，限制过多、相互掣肘的问题也很突出，企业发展的自主权不够，难以适应当前市场的需求。从企业层面来看，部分客运企业人员老化、创新不足，服务的组织方式和流程与旅游市场需求不匹配，对市场需求响应较慢，还很难适应当今旅游者个性化的出行需要。如何平衡好安全和效率问题，在规范管理和灵活应对中找到最大交集，形成既安全又便捷的交通体系和交通服务，是管理部门和企业需要共同面对的问题。

（二）转型升级与融合创新

在国内旅游快速发展的四十多年里，旅游客运行业也曾经历辉煌，也积累了相当的品牌优势、资产规模和服务经验，这些都是未来竞争的优势所在。很多旅游客运企业都具有参与政府外事接待、大型活动交通服务保障等从业经验，具有提供高水准、高效率团队服务的突出能力。随着国内旅游消费需求的散客化趋势，虽然团队旅游的交通需求在降低，但是对于特定团体来说，例如老人、小孩、同事、特殊爱好者群体等，团队出游的需求并不会消失。旅游客运企业作为旅游产业环节的重要性在降低，但在城乡之间、高铁和景区之间、目的地慢游系统构建方面，旅游客运业的应用场景却同时在扩展。因而，在未来，旅游客运业要更好地与市场消费需求对接，就需要在管理规定、组织方式、人员配备、车辆设备、服务水平、营销渠道等多个方面实现转型升级，通过吸纳新技术，进入新领域，跨界融合，以现代科技激发传统优势，实现高质量发展。

1. 转型升级、融合创新已经成为业内共识

面对新的市场需求和竞争态势，旅游客运业要进行转型升级，已经成为业内有识之士的共同呼声。2019 年，如何通过创新推动传统客运行业转型升级，再次成为业界热议的话题。国内先后召开多次高峰论坛和行业研讨会，主题都聚焦于此。例如"山东旅游客运创新发展高峰论坛""2019 旅游客运行业发展研讨会""2019 西安国际客车

与客运创新峰会""2019 中国旅游出行大会""2019 中国大交通旅游发展论坛"等，探讨了新形势下未来旅游客运行业的发展和转型方向。山东旅游客运创新发展高峰论坛以"新时代、新融合、新机遇"为主题，探讨山东旅游客运行业转型发展契机，寻找未来突破方向。2019 年旅游客运行业发展研讨会以促进旅游客运企业正确把握新时期旅游发展的新趋势，深刻认识加快旅游客运转型升级的紧迫性，协助企业实现高质量可持续发展为主旨。2019 西安国际客车与客运创新发展高峰会议暨展览会以"推动转型升级·践行绿色交通·保卫蓝天绿水"为主题，构建了客车行业和客运行业的政、产、学、研、用的交流平台，以推动我国客车产业技术的提高和加快客运行业的转型升级，为全面建成现代综合交通运输体系提供智力支持和决策信息。2019 中国旅游出行大会以"跨界互联多元互通——让旅游出行更美好"为主题，各行各业代表就旅游出行业态发展展开多角度、深层次的交流与探讨。2019 中国大交通旅游发展论坛以"智选大交通，文旅新时代"为主题，在研讨旅游交通产品创新之策，总结大交通旅游发展经验，探索大交通文旅产业发展新动能。这些论坛活动的频繁举办，说明了转型升级已经成为旅游客运行业的必经之路，这是行业的共识，也从一个侧面反映出，行业对未来巨大出行市场的期待（见表 2）。

表 2　2019 旅游客运行相关论坛及主要内容

名称	地点和时间	主要内容
山东旅游客运创新发展高峰论坛	山东潍坊 2019.04	共谋山东旅游客运行业转型发展契机，寻找未来突破方向。分享了国内外旅运行业先进成功经验，并对当前行业面临的实际问题给出了自己的解决思路和创新路径。
2019 旅游客运行业发展研讨会	新疆维吾尔族自治区石河子 2019.05	以促进旅游客运企业正确把握新时期旅游发展的新趋势，深刻认识加快旅游客运转型升级的紧迫性，协助企业实现高质量可持续发展为主旨。
2019 西安国际客车与客运创新峰会	陕西西安 2019.09	以高峰会议＋展览会的具体形式展开，搭建客车行业和客运行业的政、产、学、研、用的交流平台，此平台将推动我国客车产业技术的提高和加快客运行业的转型升级，为全面建成现代综合交通运输体系提供智力支持和决策信息。
2019 中国旅游出行大会	广西桂林 2019.11	以"跨界互联　多元互通——让旅游出行更美好"为主题，来自旅游、交通等领域的各类企业代表就旅游出行业态发展展开多角度、深层次的交流与探讨。

续表

名称	地点和时间	主要内容
2019中国大交通旅游发展论坛	云南昆明 2019.11	以"智选大交通，文旅新时代"为主题，旨在研讨旅游交通产品创新之策，总结大交通旅游发展经验，探索大交通文旅产业发展新动能。

（资料来源：根据网络搜索整理而得）

2. 转型升级与融合创新的三种模式及可能性

旅游出行市场需求巨大，但旅游客运企业却难以捕捉这样的市场，其根本的症结在于传统的旅游产业链已经不能适应当前旅游市场的需要。旅游供需之间的错配导致大量的更个性化的、更精确细致的旅游出行需求被抑制或者转化。如何进行供给侧的改革，从原有的相对封闭的供给体系转向形成更为广阔开放的供给体系，我国旅游业正经历这样的转型期。从旅游客运行业来看，在原有的旅游产业链中担任"行"的角色，并不能像"游""购""娱""食"甚至"住"一样，构成独立的吸引，而是具有一定的从属性。因此，在新的产业链、产业生态、乃至供给体系形成的过程中，旅游客运业如何摆脱从属的地位？如何在新的供给体系中彰显自身的价值？同哪些产业进行融合，才能最大化的实现发展？这是旅游客运从业者不得不深入思考的问题。

在当今"行游一体"、旅游已经成为一种生活方式的背景下，新技术推动下目的地建设的加速，旅游客运行业融合升级的可能路径是实现三个层次的"整合"。（1）整合进集团。行业中很多的旅游汽车公司本就是大型旅游集团的一个重要的业务板块。例如陕西旅汽、桂林旅汽、中旅汽车等。在旅游集团对酒店、餐饮、娱乐、景区等的全产业链布局中，旅游客运是必不可少的环节。各项业务板块之间，相互借力，相互支持，资源共享，使得集团公司在总体上具有竞争优势，从而带动旅游汽车公司相应的发展。（2）整合进平台。对于中小型旅游汽车公司来说，企业规模小、业务相对单一、营销和揽客渠道较少，可以借助当今不断涌现的各类综合性和专业性网络平台，例如携程、巴士管家等汽车租赁平台，实现同平台上的景区、酒店等资源的横向联合，创新经营模式、拓宽揽客渠道、借助资源整合，实现价值放大和双赢。（3）整合进目的地。5G等新技术应用及"新基建"的推进，各地旅游目的地智慧化建设的步伐加快。以"一部手机游"为起始，目的地智慧化建设的2.0、3.0版本将会不断涌现，在目的地通过技术手段整合内部资源的过程中，旅游客运企业可以发挥地域优势，实现同特定目的地的深度合作，把旅游客运业务整合进目的地的立体化综合交通体系中，成为目的地慢游系统的一部分，从而实现业务的扩张和更好的发展。无论是在公司内部相互借力，还是借助OTA平台发展，抑或实现对某一些成熟旅游目的地的嵌入，这都要求旅游客运公司在业务组织流程上，根据市场需求对创新能力进行提升、对业务流程进行彻底的转变，这种难度，不亚于旅游客运行业的一场"自我革命"。

3. 转型升级与融合创新的一系列热点

纵观当前行业发展热点和实践，旅游客运业转型升级探索的几个热点在于：

（1）定制化。随着人们出行需求变得越来越复杂，出行方式越来越多样，旅客对服务质量的要求不断提升，从关注价格向关注质量不断转变；加之互联网与出行、旅游与出行的不断深入融合，行业各个细分领域都在不断创新发展，"定制客运"应需而生。在整个道路客运行业市场不断下滑的大环境下，定制客运是行业目前很有前景的发展方向之一。定制客运服务作为一种新型服务方式，门到门是基本特征，而随客而行的个性化产品则是其核心和灵魂。因此，对当下的道路客运企业而言，瞄准定制客运服务，升级产品、精细运营是刻不容缓的事情。道路客运企业需要不断创新产品，并依托自身的资源优势，推陈出新，主动吸引客流，打造精品产品。同时精细服务，做好营销，用心经营。

（2）品质化。旅游交通是旅游整体体验的重要组成部分，旅游消费升级对服务品质提出了更高的要求，旅游交通产品和服务的质量决定着游客的满意程度，品质化发展成为整个行业升级的必然方向。2020年，交通运输部办公厅发布关于做好交通运输促进消费扩容提质有关工作的通知。主要内容包括改善交通基础设施条件，激发消费潜力；提升交通运输服务品质，服务消费升级；推进交通运输跨业融合，培育新消费；营造放心的交通运输消费环境，提升消费满意度和加强组织实施，确保取得实效等五个方面（见表3）。

表3　交通运输促进消费扩容提质的主要内容

	加快城际交通基础设施建设
改善交通基础设施条件	完善农村交通基础设施网
	提升综合交通枢纽发展质量

续表

	完善客运服务
提升交通运输服务品质	优化旅客换乘服务
	提升票务服务水平
	提升生活性物流服务水平
	推进交通运输与旅游体育产业融合
推进交通运输跨业融合	推进交通运输与信息产业融合
	推进交通运输绿色消费发展
	鼓励服务方式创新
营造放心的交通运输消费环境	维护运输市场秩序
	保障旅客出行安全
	加强组织领导
加强组织实施，确保取得实效	创新工作方法
	强化宣传引导

（资料来源：根据网络资料整理而得）

（3）多元化。从单一客运业务向多元化经营转型，是很多道路客运企业在"行业寒冬"中的创新之举。许多客运企业如果单纯依靠旅游客运盈利是难以生存的，只能依靠多元发展来谋得转型升级，甚至有的还要来反哺旅游客运。当然，多元发展并不意味着简单投资以拓展业务，需要调研和分析相关业务领域，从中获得经验和远见，才有可能在新的市场上获得优势。

道路客运企业的多元发展模式也是多种多样。例如，某些运输集团股份公司开发旅游、汽车销售、租赁、物流、驾校等多项业务，同时与医院、大型集团、本地知名企业开展战略合作，承担了员工的乘车、租车、学车、用车、修车、旅游、加油等多项业务。在课题组对典型企业的调研中，我们发现多家企业的经营业务范围都相当广泛，根据企业的需要，采取了不同程度的多元化发展战略。在传统旅游客运业务的基础上，延伸出许多相关和相近业务。比如相关汽车零配件销售、修理；代理机动车辆险、责任险、人身意外险等相关保险；网约车经营服务；房地产开发经营；增值电信业务；承办会议及商品展览展示活动；烟酒食品零售等（见表4）。

表 4　部分旅游客运企业经营业务范围

企业名称	主要经营范围
北京北汽出租汽车集团有限责任公司	省际包车客运；市内包车客运；汽车修理；北京现代汽车有限公司授权北京现代品牌汽车销售；保险法律法规和行政规章制度许可范围内的险种；汽车租赁；洗车；自有房产的物业管理；车辆检测；销售润滑油、通讯器材、液化石油气用具
昆明中北交通旅游集团有限责任公司	旅游客运；出租汽车客运；城市公共汽车客运；代理机动车辆险、责任险、人身意外险；房地产开发经营；网约车经营服务；增值电信业务；承办会议及商品展览展示活动等
江苏省外事旅游汽车有限公司	烟零售、酒类、饮食服务、社会零件印刷、成品油零售；外事旅游接待、服务，汽车出租、租赁，汽车零部件、水暖器材、电工器材、劳保用品、纺织品、日用化学品、工艺美术品、百货的销售，设计、制作、发布本公司汽车车身、客运印刷品广告房屋维修、水电安装，搬运货物，代购机票，停车场服务，物业管理，社会经济信息的咨询，国内劳务派遣。土地租赁、房屋租赁服务。
苏州市外事旅游车船有限公司	旅游客运、出租客运、包车客运；汽车租赁；销售：汽车及其配件、机械设备及配件、五金交电、日用杂品、家用电器、家具、建材、金属材料、装饰材料、非危险性化工产品；二手车经销；自营和代理各类商品和技术的进出口业务
上海锦江商旅服务股份有限公司	大小客车出租服务，跨省市长途客运，汽车配件，汽车修理，机动车安检，汽车租赁，以及相关业务的咨询服务。
云南旅游汽车有限公司	旅游客运，城市出租，机动车培训，汽车零配件，开展车辆对外服务，国际、省际、省内班车客运和旅游包车客运、客运站经营、普通货运、停车场经营、货运代办、信息配载和仓储服务业、汽车租赁、一类汽车维修、货物进出口、技术进出口、通信系统及产品、计算机信息系统及产品的开发、销售等

（资料来源：根据网络相关资料整理）

　　这些业务大致可以分为基本业务（如旅游客运、包车客运等）、相关多元化业务（汽车检测、零配件销售、展览展示等），以及非相关多元化业务（如咨询、地产、电信增值等）。

　　（4）融合发展。旅游出行需求是居民出行需求的重要组成部分，围绕居民出行的庞大需求，只有促进交通、旅游、互联网、汽车租赁等多个产业的融合，才能构建符合当代人需要的出行服务供给体系。2017 年六部门联合印发的《关于促进交通运输与旅游融合发展的若干意见》，就从当前我国快速崛起的大众旅游对交通运输新需求出发，提出构建"快进慢游"的旅游交通网络。在改善旅游交通服务方面，鼓励机场、车站、码头等客运枢纽拓展旅游服务功能，高速公路服务区增设游憩、娱乐、购物等功能，鼓励在公路路侧空间充足路段建设驿站、营地、观景设施和厕所等。在提升旅游交通服务质量方面，提高联网、联程、异地和往返票务服务水平，推进空铁联运服务，完善全国汽车租赁联网。推进旅游交通产品创新，是《若干意见》的重点和亮点。这些政策层面的鼓励，必然会大大推动多个产业的快速融合和发展，以新的市场需求为驱动，在产业融合的过程中，产生新的业态、新的模式，实现旅游客运产业的创新发展。

（5）科技赋能。当今互联网技术、大数据、人工智能、物联网、新能源、无人驾驶等新技术对旅游客运产业的渗透，是实现转型升级、创新发展的关键。在交通强国的发展背景下，2019年年底交通运输部印发《推进综合交通运输大数据发展行动纲要（2020—2025年）》，这将极大的推动交通运输行业的数字化水平，大数据在综合交通各领域的应用，将深入推进各领域之间的融合发展，资源共享和信息开放。推进交通运输与信息产业融合。推进交通运输新型基础设施建设，提升交通基础设施智能化、数字化水平。推进自动驾驶、车路协同技术应用。利用"互联网+"技术促进共享交通健康发展，鼓励小微型客车分时租赁、道路客运定制服务等出行服务新业态、新模式发展。

四、新型冠状病毒肺炎疫情对旅游客运业的影响

旅游客运是交通运输行业和旅游业共同的重要组成部分，此次新型冠状病毒肺炎疫情对旅游客运企业造成多种短期影响和长期影响。通过各级政府在资金、信贷、税费、就业、基建等多方面的扶持，以及旅游客运企业参与抗击疫情、调整生产安排、转型升级产品和抓住自驾契机等积极自救措施，旅游客运企业在困境中加快产业调整和升级。

（一）短期影响

1. 风险上升

新型冠状病毒肺炎疫情暴发以来，旅游客运企业面临防疫、违约等风险。旅游客

运站是人员聚集场所，旅游客车是多人聚集的小型封闭空间，一旦发生感染涉及工作人员及旅游者人数众多，旅游客运企业复工运营防疫风险偏高。此外，疫情导致订单延误，旅游客运企业违约及被违约风险大。旅游客运企业遭受疫情重创，可能面临不能如期完成承运任务的违约风险；疫后企业复工复产后订单可能因为不可控因素被违约取消。

2. 成本增加

旅游客运企业受疫情影响，在抗疫、人力、时间等方面成本大大增加。在防疫方面，复工后口罩、测温枪、消毒液等应急防疫物资需求量大、储备不足，企业为了安全复工需要花高价抢购紧缺物资。在人力方面，企业可能面临疫情中人力过多、疫情后人力不足等资源与需求不匹配问题。疫情期间，企业员工不能复工或复工后开工不足，人均生产率低下，尽管国家鼓励企业通过轮岗轮休等手段解决人力过剩问题，企业仍付出了极大成本；疫情后，旅游客运企业业务开始恢复，但前期运营压力造成一定程度的员工流失，复产可能面临人力资源短缺问题，招募成本增加。在时间方面，由于旅游客运服务具有不可储存性，所以复工不等于复产。疫情过后旅游者出于安全考虑，大部分人并不会立即恢复出游，游客与目的地之间心理距离加大，旅游客运作为游客与目的地之间的桥梁，处于被动地位，需要等待旅游者做出反应，复工与复产之间的时差使旅游客运企业成本增加。

3. 资金不足

据不完全统计，道路客运行业中小微企业占比在 70% 左右，受疫情影响，超过 50% 企业现金流最多只能支撑一个月，极大考验企业的生存能力。部分旅游客运小微企业或由个体拉私活的车主发展而来，通过业务积累，形成几辆到几十辆的规模，往往缺乏资金和管理，凭借老客户和经验运营，疫情无疑对这类现金流极其脆弱的小微旅游客运企业造成重大打击。另一方面，旅游客运企业前期需要购置车辆，资金投入大，回收周期长，企业负债率普遍较高，疫情造成的订单取消等因素严重影响企业现金流入，而复工复产需要支付的成本大大增加了其现金流出，企业资金压力持续加大。

4. 市场缩减

疫情造成各地客运企业经历停摆阶段（见表 5），对客运行业的市场影响主要体现在规模和区域两方面。从以下国家统计局发布的数据（见图 26）可以探究其影响程度。从时间上看，2020 年 1 月中旬，国内关于肺炎疫情的讨论升温，但对于其传染方式和影响程度尚不明确，直至 1 月 23 日武汉封城，大部分公众才真正开始意识到疫情严重性。因此，虽然 2020 年 1 月是春运黄金时间，但其客运总量和各类客运量同比下降程度仍高于 2019 年 12 月。2 月，国内疫情大规模暴发，是国内客运行业受打击最大的时期，同比下降程度最高。随着疫情缓解，3 月、4 月虽然客运行业仍处于衰退状态，但同比下降程度逐渐变低。从各类客运方式对比来看，国内出行主要客运方式是铁路和公路，因此 2 月、3 月国内疫情较严重时，铁路和公路客运量同比下降较高；4 月客运行业逐步恢复，但由于国内风险仍较大和国外疫情进入暴发期，跨省跨境出行仍受限，因此主要承运远距离出行的民航业同比下降程度与其他交通方式相比最高，与短距离出行关系较大的公路客运量同比下降程度最低。可见，疫情造成我国客运量断崖式下降，大大缩减了客运行业的市场规模；同时，疫情不同的发展时期，对于客运行业不同的市场区域也造成影响。

表 5　新型冠状病毒肺炎疫情暴发以来旅游客运运营阶段

时间	运营阶段
1 月 26 日起	各地相继暂停所有道路客运班线和旅游包车运营。
2 月末	各地开始恢复省客运班车和客运包车（主要为复工包车），但省际旅游客运未放开。
3 月中旬	各地省内游逐步放开恢复经营，省内旅游客运复苏。
4 月 9 日	新型冠状病毒感染肺炎疫情工作领导小组发布《中央对新型冠状病毒感染肺炎疫情工作领导小组关于在有效防控疫情的同时积极有序推进复工复产的指导意见》，明确规定"全国性文体活动及跨省跨境旅游等暂不恢复"。
6 月 24 日	继续暂停省际旅游客运。
7 月 14 日	恢复跨省（区、市）团队旅游

（资料来源：根据网络资料整理而得）

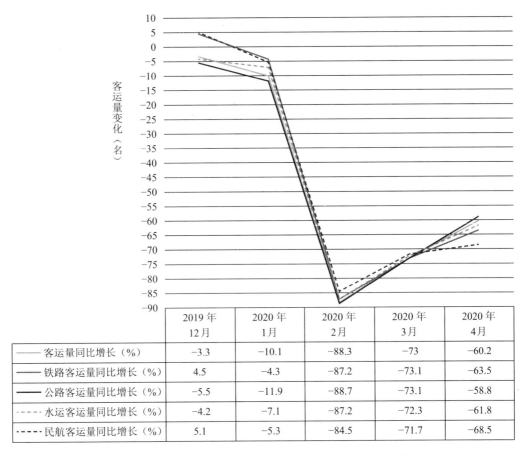

	2019 年 12 月	2020 年 1 月	2020 年 2 月	2020 年 3 月	2020 年 4 月
——— 客运量同比增长（%）	−3.3	−10.1	−88.3	−73	−60.2
——— 铁路客运量同比增长（%）	4.5	−4.3	−87.2	−73.1	−63.5
——— 公路客运量同比增长（%）	−5.5	−11.9	−88.7	−73.1	−58.8
- - - 水运客运量同比增长（%）	−4.2	−7.1	−87.2	−72.3	−61.8
- - - 民航客运量同比增长（%）	5.1	−5.3	−84.5	−71.7	−68.5

图 26　2019 年 12 月至 2020 年 4 月国内各类客运量变化

（二）长期影响

1. 市场洗牌加剧

疫情加大了旅游客运企业销售运营和资金回笼的难度，实力较弱的企业将难以为继，将会加快旅游客运企业重新洗牌的幅度和产业格局的调整。在旅游客运行业中，头部企业具备较为明显的系统性优势，应对突发事件可整合的资源更多，强大的资金、技术、客户黏性等储备使头部企业更容易在冲击中生存下来；而一些资金流不稳定、经营管理差、经营业务单一不符合疫后市场需求、在疫后抢夺消费者的价格战中难以为继的企业可能面临退出市场的困境。

2. 产业格局调整

市场洗牌加剧筛选出了更有生命力和竞争力的旅游客运企业，将利用其在资金、技术、客户等方面的优势，加速产业转型，催生发展新模式。如缩减传统大型团队包车旅游客车业务，开拓小型化定制包车服务；建立更加规范、精细、透明的旅游客运服务机制，简化优化旅游包车及租车等客运服务；完备线上预约操作系统；引进5G等信息技术，实时反馈大数据，对特定人群定位、突发事件控制等提供数据支撑等等。

3. 疫情加速旅游客运行业下行

改革开放进入深水区和"三期叠加"影响持续深化等背景下，旅游客运行业发展乏力，存在许多问题，如：经营方式粗放，70%以上旅游包车企业生产经营仍未实行统一管理、统一调度、统一结算的公司化经营，以单车承包经营为主；运力结构单一，个性化、高端化出行需求未被有效满足；企业公司化经营率不高，加上整个行业的旅游包车信息服务及调度平台未建成，运输效率不高；市场价格竞争激烈，缺乏话语权，价格竞争依然是最主要的竞争方式；配套设施不足，很多地区没有专门服务于旅游客运的发车、停车集散站，给企业管理、行业管理，乃至安全管理带来困难和隐患等等。此次疫情放大了存在于行业内部的各种问题，甚至击垮了一部分旅游客运企业，加速旅游客运行业下行。

4. 国际市场受挫

在贸易保护主义和逆全球化的国际大背景下，新型冠状病毒肺炎疫情的暴发无疑给我国旅游客运企业入境游客运市场、出境游客运市场以及国外其他客运业务造成打击，未来很长一段时期，我国旅游客运企业国际客运业务发展将遭遇挫折。与旅游客运行业相关的上游客车制造业发展也不容乐观。自世界卫生组织宣布将新型冠状病毒肺炎疫情列为国际关注的突发公共卫生事件后，有外商出于恐慌心理取消了正常贸易往来，一些企业有可能因此在国际供应链中失去机会。在国内公路、旅游和公交等客车市场所遭遇困境在其他疫区很可能大规模重演，将严重影响客车的出口市场。可以预见，此次疫情之后，我国客车企业和旅游客运企业在国际市场的竞争必然进一步加剧。

（三）政策支持

1. 税费减免

税费优惠能帮助受疫情影响的旅游客运企业缓解运营困难，提高后续旅游供给能力。国家对包括交通运输、餐饮、住宿、旅游四大类困难行业企业在 2020 年度发生的亏损，最长结转年限由 5 年延长至 8 年；积极推进银税数据直连，实现旅游小微企业贷款网上"一站式"办理；对于缴纳房产税、城镇土地使用税确有困难的旅游企业，可申请减免相应的房产税、城镇土地使用税。值得注意的是，税费减免政策对于营业利润较上年持平或亏损的旅游客运企业帮扶作用不显著，根据车辆、上坐人头数等直接进行补贴，能够更加普惠和公平地补充当前税费减免政策。

2. 金融信贷

对受疫情影响较大的交通运输、文化旅游等行业，国家通过一系列措施为其营造良好的金融环境。各级政府性融资担保、再担保机构降低担保和再担保费率，取消反担保要求；合理调整报送信用记录；延长创业担保贷款贴息期限；降低应急转贷费率；适当下调贷款利率、增加信用贷款和中长期贷款，不盲目抽贷、断贷、压贷，还款困难旅游客运企业可予以展期或续贷；加强银企对接，鼓励银行加大对受疫情影响较大行业及中小微企业的信贷投放，创新信贷产品，优化信贷流程，支持受影响旅游客运企业有序高效恢复生产经营。

3. 稳岗就业

受疫情影响导致生产经营困难的旅游客运企业，可以通过与职工协商一致采取调整薪酬、轮岗轮休、缩短工时等方式稳定工作岗位，可按规定享受稳岗补贴；支持困难旅游客运企业协商工资待遇，引导企业与工会或职工代表协商延期支付，帮助企业减轻资金周转压力；加大线上招聘服务工作力度，帮助企业减少招聘成本，大力推广远程面试，提高招聘企业与劳动者"点对点"直接对接率；规范人力资源服务收费，坚决打击恶意哄抬劳动力价格行为；支持帮助受疫情影响旅游客运企业特别是中小微企业开展职工技能培训和困难企业职工转岗培训。

4. 社会保障

国家对受疫情影响生产经营出现严重困难的旅游客运参保企业推出一系列社会保障措施，加快实施阶段性减免、缓缴社会保险费政策。免征或缓缴企业基本养老、失业和工伤保险单位缴费；在确保基金收支中长期平衡的前提下，对职工医保单位缴费部分实行减半征收；受疫情影响的旅游客运企业，可以申请缓缴住房公积金；对不裁员或少裁员的中小微旅游客运企业，返还失业保险标准最高可提至企业及其职工上年度缴纳失业保险费的 100%；减免期间旅游客运企业吸纳就业困难人员的社会保险补贴期限可顺延。

5.资金支持

国家层面，财政部根据民航局审核情况和相关标准向有关企业和地方拨付资金；交通运输部宣布在疫情防控期间免收收费公路车辆通行费；商务部推动出台新车购置补贴、汽车"以旧换新"补贴等稳定和扩大汽车消费的政策措施。地方层面，部分省份设立旅游专项资金和纾困资金，通过奖补方式帮助旅游客运企业；海南省鼓励省外游客自驾游海南，2020 年劳动节、中秋节、国庆节等重大节假日期间试行减免小客车过海费政策，对非琼籍非营运 7 座及以下小客车实行过海费用减免；江西对入赣旅游包机、旅游专列、大巴旅游等进行奖励等等。

6.基建支持

疫情后旅游客运发展离不开基建支持。通过加强充电桩新基建快速落地，新能源汽车发展中"有车无桩、车桩不足"将得到解决，推动旅游客运中新能源汽车进一步应用。另一方面，加强新型城镇化建设启动众多基建项目，开拓旅游客运业城乡客运市场的发展。此外，通过加大交通等重点工程的建设，拓展 5G 应用，让 5G 加速赋能，推动汽车智能网联的发展，尽快形成智慧汽车、智慧卡车、智慧客车、智慧物流等汽车的产业化，旅游客运业智慧化进一步提升发展指日可待（见表 6）。

表 6　部分省份其他政策支持措施

省份	措施	政策目的
辽宁	辽宁省道路运输协会多次与辽宁省保险行业协会沟通协调，发布《辽宁省道路运输协会关于收集疫情期间全省停运道路旅客运输企业相关信息的通知》（辽道运协字〔2020〕2 号），收集全省班车客运和旅游包车企业相关信息作为享受有关政策的有效依据，对疫情期间停运的营运客车顺延保险投保日期。	社会保障
	辽宁省道路运输协会出台《关于开展班车客运和旅游包车运输企业专项调研的通知》（辽道运协函〔2020〕4 号），及时反映行业诉求和企业呼声，面向班车客运和旅游包车运输企业开展专项调研。	政务服务

省份	措施	政策目的
黑龙江	对复工复产期间（2020年3月1日至4月30日）实际运营的客运班车运营给予一次性补助，补助标准为按实际运营天数，每台车每天补助60元；对复工复产期间（2020年3月1日至4月30日）恢复运营的客运站疫情防控所需物资等给予一次性补助，补助标准为每个一级客运站补助20万元、二级客运站补助16万元、三级客运站补助10万元、四级客运站补助6万元。	资金支持
	鼓励巡游出租车企业阶段性减免"份子钱"。各地应结合本地实际，综合考虑各方因素，制定鼓励巡游出租企业减免驾驶员承包费、管理费等相关费用等扶持政策。可采取阶段性地减免"份子钱"和延长承包期限等措施。	费用减免
	对受疫情影响停运的城市公交、出租汽车、客运汽车、货运汽车等营运车辆，保险公司减免停运期间车辆保险费用。同时，各保险公司对受疫情影响较大的运输企业，可根据申请和实际情况延后保费缴纳时间并减免滞纳费用。	社会保障
云南	帮助企业纾解资金困难，对符合条件的公路水路客货运企业2020年新增贷款，按实际贷款利率的50%进行贴息，贴息利率最高不超过5%（含5%），贴息期限不超过1年。对全省16个州（市）交通运输恢复运行情况进行评定排名，对前8位的州（市）给予奖补支持。航空运输临时开行疫情防控应急物资运输国际货物航线，在现行政策下给予全额补贴。安排省级航线培育资金3亿元，对执飞纳入航线开辟计划的国际地区航线、省内环飞和通用航空短途运输的航空公司发生的亏损，按标准给予一定补助。受疫情影响导致航线停飞的，在原定培育期满后，按疫情期间停飞时段相应延长航线培育期限。安排专项资金5000万元，积极推进运输结构调整，大力支持"公转铁"。交通安全统筹理赔准备金积累部分的10%补助给参加交通安全统筹的企业，用于疫情防控、安全生产、恢复正常运营。	资金支持
	全省道路客运班线经营期限到期后顺延6个月，支持客运行业对冲疫情影响。道路运输车辆年审延期至疫情解除后45天。参加交通安全统筹的车辆，统筹终止日期全部延期3个月。	政务服务
山西	山西省将引导客运企业创新服务模式，开展灵活、快速、小批量的道路客运定制服务，以满足百姓便捷、舒适、多样化的出行需求。传统的客运主要是实现"站到站"服务，站点、线路、时间等固定，而定制客运则打通"最后一公里"的接驳，市民能够在家门口乘坐客车，下了车即到目的地。	产业升级
河南	省交通运输厅印发《河南省班线客运定制服务试点工作方案》，班线客运定制服务以既有客运班线为基础，创新服务模式、拓展服务形式，降本增效，以班线起讫地为服务区域，依托网络平台开展发布信息、组织客源、调度车辆和售票等业务，根据旅客出行需要，提供"门到门""点到点"客运服务，促进道路客运转型升级。试点内容包括探索运输服务、定价机制、资源整合、安全管理四大新模式。	产业升级

续表

省份	措施	政策目的
江苏	加快推动旅客运输秩序恢复。鼓励运输企业开展车辆预约、"门到门"等定制客运服务，实现出发有组织、健康有监测、运输有保障、运达有交接、全程可追溯。因地制宜灵活采取城市公交延伸、客运班线公交化、预约响应等方式推动农村客运开通运营。	产业升级
	鼓励减免相关承包金等费用。认真借鉴多地支持出租汽车经营者和驾驶员共渡难关的经验做法，研究制定本地区支持出租汽车行业应对疫情健康发展的政策措施。鼓励出租汽车经营者阶段性地减免承包金或者管理费，支持各地结合本地区实际给予增加巡游车经营权指标或者延期奖励。支持网约车平台公司协调租赁公司减免租车费用或者延长租期，鼓励网约车平台公司对疫情防控期间订单抽成按一定比例返还驾驶员。鼓励减免相关运营服务费。鼓励省内相关平台服务商免收或者降低疫情防控期间交通运输企业卫星定位系统、主动安全智能防控系统等相关平台运维服务费。鼓励省内相关充换电运营服务商适当降低新能源公交车、出租车、网约车、货运车辆充换电服务费。	费用减免
	开通交通运输企业融资绿色通道。为中小微交通运输企业开辟低息贷款绿色通道。通过省综合金融服务平台，为交通运输类企业推出无还本续贷、转贷、政府性融资担保等产品，通过"绿色通道"帮助企业精准对接金融机构，选择合适金融产品，降低融资综合成本，缓解交通运输企业资金压力。	金融信贷支持
	切实提升行政指导和服务效能。在法律法规允许的情况下，尽最大限度支持交通运输企业互帮互助、共渡难关，指导相关协会加强企业引导。更好地发挥"巴士管家""运满满""司机之家"等运输组织和从业人员关怀作用。指导交通运输企业及时用足用好值税免征、阶段性减免社保、稳岗返还、减租降费以及财政补贴等优惠政策，充分释放政策红利，重点纾解小微运输企业经营困难，切实做好道路客运业户、货运司机、出租车司机、船员等重点群体帮扶工作。	政务服务
四川	新修正的《四川省道路旅客运输管理办法》3月20日起正式施行，在全国率先将"定制客运"纳入地方性政府规章，开启我省"门到门""点对点"运输服务新模式。新修正的《办法》明确，定制客运是指依托互联网开展信息发布、客源组织、售票、确定乘车地点等线上服务，并使用符合条件的车辆和驾驶员开展点到点线下服务的班车客运经营活动；鼓励道路旅客运输与信息技术、关联产业融合，创新发展新型运输方式，开展"点到点""门到门"快速灵活的定制客运服务，满足人民群众多元化出行需求。	产业升级
福建	积极开展道路运输业务网上办理，简化流程，快速办结。疫情期间，道路运输企业、从业人员无法及时申请办理驾驶证审验换证、机动车检验的，可以延期办理；无法及时申请换发道路运输经营许可证、车辆道路运输证、从业资格证审验换证等业务的，可以延期到疫情结束以后办理；道路运输车辆年审时间到期，暂时无法进行车辆审验或不具备相关审验条件的，允许其年审周期自动延续至疫情结束之后45天。	政务服务
	疫情期间，按照当地政府要求承担班线运输、务工人员返岗包车"点对点"运输服务的道路客运企业，当地政府要通过政府购买服务或者补贴部分包车费用的形式，积极给予支持；执行应急运输任务的交通运输、物流企业，属于政府购买公共服务的，各级财政要给予补偿。	资金支持
	各地要采取措施鼓励出租汽车企业对疫情期间继续正常从事运营服务的出租汽车司机阶段性减免承包金、延长承包期限。	费用减免

（数据来源：根据网络相关资料整理而得）

（四）应对措施

1. 参与抗击疫情——合理利用运力资源

各地客运企业在疫情期间发挥运力优势，最大化利用运力资源，不仅达到了积极自救的目的，更为抗击疫情做出贡献。南宁市客运企业除了努力恢复区内外的客运班线外，还积极联系地方政府和用工企业，拓展专线包车业务，以求发展；南方航空、深圳航空等，大力开展包机运输业务；佛山市交通运输企业推出包车服务，先后为广东格兰仕集团有限公司、广东美的生活电器制造有限公司等 92 家企业提供 583 趟次包车服务，从广西、湖南、贵州等省、市接送员工 11727 人次，还安排 7 车次为 87 名境外人员返回佛山提供运输服务；福州市道运中心组织福建省汽车运输有限公司、福州三山公交旅游汽车有限公司等客运企业共 60 辆大巴发往云南、重庆、四川、贵州等地接回复工企业人员，福州市 31 家旅游包车企业的 300 辆客车，已恢复市区周边的企业员工通勤接送服务。

2. 调整生产安排——跨界转产发挥作用

上游客车制造企业跨界转产，调整生产安排，最大化发挥作用。宇通客车、金龙客车、金旅客车、海格客车高标准加急生产负压救护车；南京依维柯根据疫情特性专门打造的依维柯欧胜防疫救护车，拥有自动上车担架、输液瓶夹持器、供氧设施、多功能换气扇等救护系统，不仅可以及时救治患者，还能最大限度地降低医患人员在车内交叉感染的可能。除了车辆制造，客车企业还调整生产安排，生产了大批防疫物资。大众位于中国的合资工厂转产口罩以对抗疫情，并组建了一个转产医用呼吸机的团队，通过 3D 打印技术来制造呼吸机；上汽通用五菱利用车厂造口罩，日产能为约 200 万只；比亚迪在原有基础上增加了医疗器械、工业防护用品的研发、生产、销售，并实现了口罩和消毒液的量产，口罩日产约 500 万只、消毒液日产能约 5 万瓶；开沃汽车旗下的新能源乘用车品牌天美汽车，成立医疗科技公司，购买与打造用于口罩生产的设备和生产线，于 3 月上旬投产，实现日产 50 万只口罩。

3. 转型升级产品——打造"健康客车"

经历此次疫情，旅游者对出行健康和安全更加关心。针对公共交通工具人员密度大、流动性强和空间密闭的特点，各主流客车企业纷纷加快技术变革，相继推出"健康客车"的解决方案，为旅游客运企业安全复工复产服务。厦门金龙推出的"全健康客车"，配备多项关键设施和多种智能化系统，可实现多级空气过滤、除菌消毒、体温监测、乘客电子画像流动数据防控、公共客舱消毒喷淋、负压应急隔离舱等多种功能。苏州金龙的"智慧健康客车"也配置了智能查体温、大数据识客、全方位消毒和车厢全时杀菌、空调集成净化、座椅环保抗菌、局部负压隔离等多种智慧防疫技术。厦门金旅的"健康移动空间"系列客车除了应用空气净化及杀菌、消毒系统等一系列防疫技术外，还将装备全隔离驾驶舱，乘客座椅也可采用全隔离设计。宇通客车则主推双向车内新风换气、"离子净化复合光催化"空气净化和大容积医药箱等特色的技术配置，还研发了客车行业首款 CN95 空调滤芯，采用骨架与高规格熔喷复合的双层结构，可以过滤 95% 的直径 0.3 微米颗粒物，为客车"戴上 N95 口罩"。

（五）主要企业受新型冠状病毒肺炎疫情影响分析

1. 总体情况

根据网络调查问卷数据，旅游客运企业 2020 年一季度总体发展情况主要体现在以下几方面：（1）近八成企业处于亏损状态。受新型冠状病毒肺炎疫情影响，一季度旅游客运企业营业收入主要集中在 100 万元至 500 万元区间内，占全部受访企业的 64.52%；处于盈利状态（营业利润为正）的企业占比为 23%，77% 的企业处于亏损状态，其中 10% 亏损在 100 万元以内，37% 亏损在 100 万元至 1000 万元，更有 30% 企业亏损在千万元以上。（2）出车率与去年同期相比约下降七成。2020 年一季度受访企业平均出车率为 17.88%，出车率小于 20% 的受访企业约占四分之三，同 2019 年第一季度相比平均下降 71.39%。（3）超九成企业业务运营受影响。2020 年第一季度仅有 5% 的受访企业继续运营全部业务，其他企业业务运营受到不同程度影响，其中 56% 的客运企业部分停运，32% 的企业全部停运。造成企业停运的困难主要有成本压力大、流动资金不足、市场信心不足，还有政策限制多和驾驶人员流失。

2. 重点企业情况

为了解旅游客运企业具体情况，我们实地调研了不同地区不同规模的旅游客运企业，以期对局部旅游客运市场有更清晰的认知，具体如下：

（1）陕西省旅游汽车有限公司共有 500 多台车辆。随着 2018 年下半年旅游客运市场准入门槛降低以及取得经营许可证难度降低等原因，大量 20~30 辆车规模的小企业涌现，导致旅游客运市场秩序混乱，价格恶性竞争加剧。2020 年受新型冠状病毒肺炎疫情影响，陕西旅汽只能依靠通勤车盈利，车辆折旧、工资、保险等成本支出使其亏损严重。

（2）福建石狮市东运旅游运输有限公司主要在泉州经营旅游包车和旅游专线（普陀山旅游专线）业务，暑运（泉州外来务工人员家人暑期往来）也是其季节性重要业务。近年来旅游用车市场扩大，但受高铁冲击明显，目前该公司正在积极寻求向小型旅游客运（C 照驾驶的九座以下小型客车定制旅游客运）转型。

（3）江西萍乡市旅游汽车服务有限公司是一家专门从事旅游客运的企业，公司共有 120 辆车辆（其中 75 辆大车），业务涉及学校组织的研学旅游、企事业单位组织的红色旅游、小型团队或家庭包车游等。受益于高铁开通，公司客源半径扩大 500 公里到 1000 公里，公司也因此调整更新车辆，小型化的定制上门接送成为近两年转型发展重点。2020 年受新型冠状病毒肺炎疫情影响，五月份才开始恢复运行，客源不到去年同期的三分之一。当前政府已提供增值税减免、过路费减免、贷款补贴、稳岗补贴等支持，但公司仍面临诸多政策限制。

（4）大理茶花旅游汽车有限公司负责人表示，此次新型冠状病毒肺炎疫情造成的旅游市场停滞给公司带来了许多困难：一是客源减少三分之二，并且价格压低；二是每辆车每月固定成本升高，相关补贴政策很难下沉到具体企业和车辆；三是疫情期间发放基本工资导致原本就稀缺的 A 照驾驶员流失严重，有车没人；四是新聘驾驶员审查和接团过程手续复杂，相关管理部门"一刀切"管控带来了许多政策限制。

（5）贵州好风光旅游巴士有限公司在 2019 年受新能源车辆和准入机制的影响利润微薄。2020 年 2 月至 5 月停止运营，流失了约五分之一驾驶员，复工后主要经营短线游和省内游。2020 年 7 月 14 日跨省游全面放开，贵州省通过一系列政策推动游客接待量排全国前三，贵州好风光旅游巴士有限公司业务恢复了四分之一。经历此次疫情，公司表示用工支出较大，希望能像其他试点省份（江苏、海南等）采用临时用工制度。

3. 调查问卷数据分析

（1）2020 年第一季度营业收入与利润

受访企业 2020 年第一季度营业收入情况如图 27 所示：

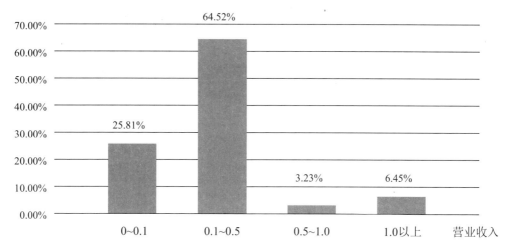

图 27　2020 年第一季度营业收入（单位：千万元）

调查企业 2020 年第一季度营业收入的中位数为 256 万元，平均数为 489 万元。受新型冠状病毒肺炎疫情影响，90.33% 的企业第一季度营业收入规模处于 0~500 万元之间。营业收入超过 1000 万元的企业只占 6.45%。

其中第一季度旅游客运业务收入的中位数为 201 万元，占营业总收入的平均占比为 78.5%。平均数为 389 万元，占营业总收入的平均占比为 79.6%。

受访企业 2020 年第一季度营业利润整体状态和详细情况如图 28 所示。

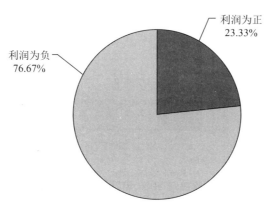

图 28　2020 年第一季度营业利润整体状态

受访企业 2020 年第一季度，处于盈利状态即营业利润为正的企业占比为 23.33%，处于亏损状态的企业为 76.67%。

受疫情影响，接近八成的旅游客运企业 2020 年第一季度处于亏损状态。从短期来看，疫情对企业的业务和盈利能力产生了巨大的影响。

受访企业 2020 年第一季度盈利超过 10 万元的企业占比为 13.33%，亏损超过 10 万元的企业占比 66.67%，亏损超过 100 万元的企业占比 30.00%。大量企业第一季度面临着巨额的亏损。

其中，盈利最多的企业第一季度利润为 55 万元，亏损最多的企业第一季度亏损额达到 1150 万元。第一季度营业利润的平均数为 –119 万元，中位数为 –32 万元。其中第一季度旅游客运业务利润的平均数为 –12 万元，平均占比 10.24%，中位数为 –2 万元，平均占比为 6.32%。无论从平均数还是中位数来看，由旅游业务带来的营业亏损占比是很小的。第一季度营业亏损主要还是由于新型冠状病毒肺炎疫情带来的业务量锐减以及人员薪资、车辆保修保险等固定成本。

2020 年第一季度和 2019 年第一季度的营业收入、旅游业务收入对比如图 29 所示：

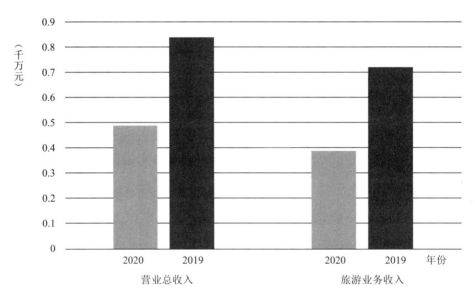

图 29　2019 年第一季度与 2020 年第一季度对比（单位：千万元）

2020 年第一季度，受访企业营业收入、旅游业务收入、营业利润、旅游业务利润同 2019 年第一季度相比，都有大幅降低。平均来看，2020 年第一季度营业利润相比于 2019 年同期下降了 898 万元。

（2）2020年第一季度出车率

受访企业2020年第一季度出车率情况如图30所示：

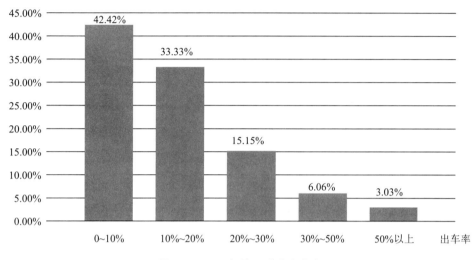

图30 2020年第一季度出车率

受访企业2020年第一季度出车率小于20%的企业占75.75%。出车率大于50%的企业占3.03%。2020年第一季度出车率平均为17.88%，同2019年第一季度相比，下降71.39%。即受疫情影响，相比于2019年同期，出车率平均下降了7成。

（3）经营状况与困难

受访企业2020年第一季度经营面临的主要困难如图31所示：

2020年第一季度受访企业中有56%的企业部分运营，32%的企业停止运营，5%的企业继续运营。超过九成的企业，受疫情影响，业务运营部分或者全部停止，如图20所示。

疫情期间，企业面临诸多困难。因为出行的限制，导致旅游客运企业的主要经营业务遭受重创。其中最主要的三大困难是成本压力大、流动资金不足和市场信心不足，其次还有政策限制多和驾驶人员流失等。

旅游客运企业因为保有大量驾驶员和驾驶车辆，人员工资和车辆维护、折旧费用等固定成本很高，依赖于客运业务来创造现金流入进而盈利。受疫情影响，业务受挫，现金流入锐减，企业发展困难重重。

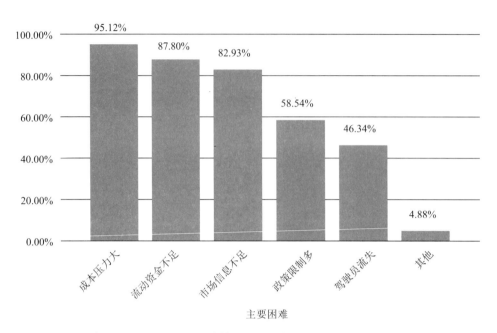

图 31　疫情期间面临主要困难

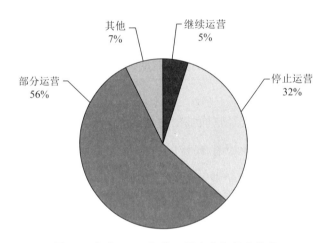

图 32　企业 2020 年第一季度业务经营状况

（4）应对举措

受访企业 2020 年第一季度对面疫情采取了各种举措，包括应急措施、人力资源措施、业务调整、流程优化、自救措施、恢复"五一"假期市场措施，如图 33 所示：

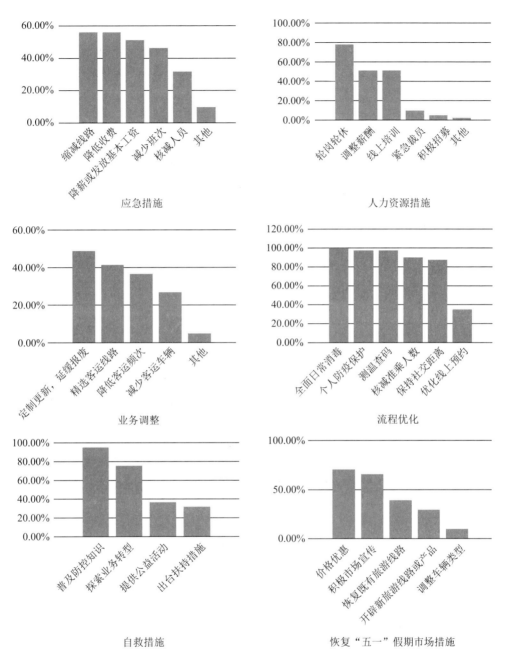

应急措施

人力资源措施

业务调整

流程优化

自救措施

恢复"五一"假期市场措施

图 33 旅游客运企业疫情应对措施

（5）政策支持

疫情期间企业所在地政府相关扶持措施出台情况如图 34 所示：

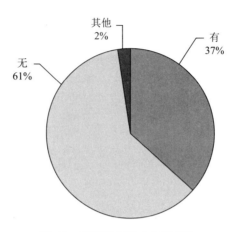

图 34　疫情期间政府扶持措施

疫情期间，61%的企业所在地政府没有出台相关的扶持措施，37%的企业所在地政府出台了相关的扶持措施。

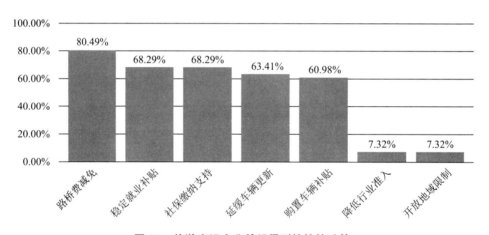

图 35　旅游客运企业希望得到的扶持政策

实际上，应对新型冠状病毒肺炎疫情，大多数旅游客运企业是需要相应的政策支持的。具体来看，最多受访企业需要的支持有路桥费减免、稳定就业补贴、社保缴纳支持、延缓车辆更新时间限制和购置车辆补贴，其他还有降低行业准入和开放地域限制。事实上，2020 年 7 月开始，旅行社跨省团队旅游业务逐步恢复，对于旅游客运企业来说旅游业务也在恢复中（见图 35）。

五、趋势与展望

（一）服务范围调整：周边游、短途游、城际游

疫情防控常态化，跨省旅游客运复苏缓慢，周边游、短途游和城际游成了更多旅客出游的首选。这种需求结构的形成及规模的变化将进一步推动旅游客运企业调整服务范围，更新客运产品。顺应这一趋势，客运企业纷纷推出周边游出行方案，如：交运集团青岛汽车总站推出多款客运旅游产品，包括青岛近郊游、周边游，例如黄岛野生动物园一日游等；德州交通集团旅游公司开通了以欧乐堡一日游、泉城一日游、泰山一日游为主的"站运游"直通车；甘肃省推出本地九大主题旅游产品，包括探丝路风情、品陇原乡愁等等。

（二）出行需求分层：小型化、场景化、网联化

我国旅游者消费能力不断提高，对旅游客运产品的品质和价值的追求提升，再加上此次疫情影响，人们出行消费认知改变，更加偏好独立的或者小容量的出行空间，对安全、私密、个性化等要求会更高且更加普遍，这将进一步加速出行分层，小型化、场景化、网联化的旅游客运需求将增加。2020年1—5月，中国客车统计信息网关注的40家企业数据显示，大型客车销量同比下降35.91%，中型客车销量11560辆，同比下降40.30%，轻型客车销量15518辆，同比下降23%；尽管今年以来客车市场整体形势十分严峻，但8米以下座位客车的市场表现相对较好（销量同比降幅只有7.74%，远好于行业整体），其中6~7米还有增长。以上数据充分说明，疫后旅游者更倾向选择小容量、舒适性强的交通工具，"精品小团游"将作为旅游消费升级的主力旅游模式。此外，传统的旅游客运并没有"场景"的概念，较少关注旅客的延伸需求，未来旅游客运需要营造"场景化"，如旅游、商务、会务、校园、景区等细分场景的产品设计，满足不同场景的客户出行需求。随着网约车的发展，旅游者出行习惯发生变化，"门到门"的接送服务体验远远高于传统旅游客运，极大节省出行的时间成本，旅游客运的网联化将是大势所趋。

（三）出行供给优化：新能源、健康化、智慧化

此次疫情一方面打击行业企业转型的信心，但也在疫情之后再次全面开启旅游客运企业转型升级的序幕，新能源、健康化和智慧化将成为旅游客运企业优化供给的发展方向之一。2020 年 3 月 31 日，国务院出台政策宣布"将年底到期的新能源汽车购置补贴和免征车辆税收政策延长两年"，这对疫情后的新能源客车发展无疑将起到一个催化剂的作用，旅游客运用车的新能源化方向必然会更加明晰。数据显示，2020 年 1-5 月，中国客车统计信息网关注的 40 家企业中共有 33 家涉及新能源客车领域，新能源客车的行业格局初具雏形，疫情将加速新能源客车市场的调整；传统客车销量继续下滑，传统客车销量 30020 辆，整体降幅达 25.21%。另一方面，疫情过后游客会更多地关注安全出行，健康客车理念也将成为未来旅游客运企业重点关注的内容。此外，2002 年全国两会热点中的"拓展 5G 新基建，加速城市智能交通的实现"，其中重要一项就包括拓展 5G 在汽车智能网联领域的应用，旅游客运智慧化将成为 5G 时代的常态。

第二部分

专题研究

新型冠状病毒肺炎疫情背景下的我国旅游客运行业发展：形势与出路

2020 年是我国"十三五"规划的收官之年，也是我国脱贫攻坚战的决胜之年，是我国全面建成小康社会这一百年目标即将实现的关键之年。在这个承前启后的关键时期，新型冠状病毒肺炎疫情在全球的传播和蔓延，使得我国无论是社会经济、公共卫生等多个领域均遭受到前所未有的挑战和危机。旅游业作为对外界环境敏感的服务业，易受社会经济、消费文化、政治环境、自然灾害、公共卫生等事件影响，新型冠状病毒肺炎疫情席卷全球更是对全球旅游业发展产生了强烈的短期冲击和深远的未来影响。

一、新型冠状病毒肺炎疫情对全球旅游业冲击巨大

在 2020 年年初，新型冠状病毒肺炎疫情暴发之时，世界各国对于疫情的严峻性显然缺乏预估，对疫情可能带来的冲击和影响估计严重不足。世界旅游组织对于疫情对旅游业的影响预估，也在不断调低预期。例如 2020 年 3 月，世界旅游组织（UNWTO）发布新型冠状病毒肺炎疫情对国际旅游业可能产生的影响评估，预计与 2019 年相比，2020 年国际游客人数下降 20%~30%。但是随着疫情的不断蔓延，到 2020 年 5 月，世界旅游组织根据疫情的最新发展情况，发布了研究报告，估算了新型冠状病毒肺炎疫情在三种政策不同情况下对国际游客数量的影响：提出了即使在最乐观情况下，新型冠状病毒肺炎疫情对世界旅游业的影响也将是毁灭性的。根据当时的估计，如果在 7 月初开放边界并逐步解除旅行限制，2020 年国际游客数量将减少 58%，达到 6.1 亿人次，这将使全球旅游业回到 1998 年的水平。如果解除旅行限制晚两个月，国际游客人数将减少 70%，达到 4.4 亿人次。如果旅行限制政策延续到 12 月，国际游客人数将减少 78%，到 3.2 亿人，相当于 20 世纪 80 年代中期水平。随着疫情在全球的蔓延，疫情

对旅游业的冲击和影响持续体现，严重打击了世界旅游业发展的良好势头和发展信心。截至 2020 年 12 月，根据世界旅游组织预计，2020 年全球国际游客人数下降 70%，国际游客减少 7 亿人次，全球旅游业收入减少 7300 亿美元，世界旅游组织更是指出新型冠状病毒肺炎疫情对国际旅游业的冲击是毁灭性的。

新型冠状病毒肺炎疫情不仅会因为边境管控、隔离措施和航班缩减等影响短期国际旅游出游人数，同时对旅游消费的长期需求会产生一系列的影响，例如疫情带来的心理恐慌、消费行为改变、经济收入减少等都会在中长期上改变国际旅游业的发展。根据英国一项研究结果显示：2020 年全球民众出国旅行的需求预计减少 57%。各国在疫情中加强边境管控和隔离措施，民众减少了旅游和商务等各种流动，尤其是国际旅游需求骤减，在今后几年内都很难恢复。报告预测出国旅游需求最早将在 2024 年恢复到疫情前的水平。

二、新型冠状病毒肺炎疫情对我国旅游业的影响

（一）新型冠状病毒肺炎疫情对我国旅游业带来明显冲击

2020 年年初新型冠状病毒肺炎疫情暴发后，根据中国旅游研究院对一季度和全年的旅游数据估算，一季度国内旅游人数和收入将同比下降 56% 和 69%。全年国内旅游人数和收入将同比下降 15% 和 20%。从实际运行来看，上半年国内旅游人数 11.68 亿人次，同比下降 62%，国内旅游收入 0.64 万亿元，同比下降 77%。根据文化和旅游部国内旅游抽样调查结果，受新型冠状病毒肺炎疫情影响，2020 年国内旅游人数为 28.79 亿人次，下降 52.1%。国内旅游收入 2.23 万亿元，比上年减少 3.50 万亿元，下降 61.1%。人均出游花费 774.14 元，比上年下降 18.8%。虽然国内旅游在"五一""十一"假期经过了一定程度的复苏，但疫情的影响还是远远超过了当初的预期。

从具体发展历程来看，疫情当前，全国各省市先后启动了重大突发公共卫生事件一级响应。以客源流动和人与人面对面服务的旅游行业首当其冲，国内旅游、出境旅游和入境旅游几乎全面陷入停顿。疫情暴发正值春节期间，是传统的旅游旺季，但在2020 年 1 月 24 日、25 日、26 日，国内主要旅游景区陆续停业。1 月 24 日，国内旅游团队业务及"机票＋酒店"套餐服务已经全线停止，1 月 27 日以后，所有团队旅游业

务及"机票＋酒店"套餐服务（包括出境团队）均暂停。1月28日，出台了《暂停办理内地居民往来港澳地区旅游签注》的政策。自2020年3月28日起，我国暂停外国人持有效来华签证和居留许可入境，同时暂停各类优惠签证政策。据统计，2020年上半年我国入境游客接待1454万人次，同比下降80.1%。

（二）疫情防控的主要阶段和旅游业的应对

回顾过去一年抗击新型冠状病毒肺炎疫情的经历，从2020年1月到2020年4月底，是全国集中力量抗疫的关键阶段。从2020年4月29日开始，全国疫情防控进入了常态化防控阶段，境内总体呈现零星散发状态，疫情基本得到控制。2020年"五一"假期是疫情防控常态化之后的首个小长假，根据《中共中央宣传部 文化和旅游部关于做好2020年劳动节假期旅游景区开放管理工作的通知》、《文化和旅游部 国家卫生健康委关于做好旅游景区疫情防控和安全有序开放工作的通知》的要求，坚持防控优先，确保景区有序开放，进行景区内客流管控，运用错峰旅游等方法严防聚集。《通知》还特别提出要"强化旅游包车、食品安全管理"。"五一"黄金周我国的国内旅游呈现出一定的复苏迹象。2020年5月1日当天，全国A级景区共开放8499家，约占总数的70%，坚持最大承载量30%的限流要求，假期全国接待游客1.15亿人次，国内旅游收入475.6亿元。短途的本地游、周边游成为主流。2020年7月14日，文旅部办公厅《关于推进旅游企业扩大复工复业有关事项的通知》，提出恢复跨省（区、市）团队旅游。中、高风险地区不得开展团队旅游及"机票＋酒店"业务，出入境旅游暂不恢复。景区接待游客量由不得超过最大承载量30%上调至50%。2020年9月，文化和旅游部发布的《剧院等演出场所恢复开放防控措施指南（2020年9月修订版）》和《旅游景区恢复开放疫情防控措施指南（2020年9月修订版）》将剧场等演出场所上座率从50%上调到75%，景区最大接待量由50%上调至75%。随着疫情防控的常态化下旅游限流措施的松绑，"十一"期间我国国内旅游迎来明显的复苏和反弹。根据文化和旅游部数据中心的测算，国内旅游6.37亿人次，国内旅游收入4665.6亿元，分别相当于2019年同期的81%和72%。2020年12月，文化和旅游部提出文化、娱乐、旅游等场所继续执行不超过核定人数75%的限流政策。但因为春节假期期间，河北、北京、辽宁、黑龙江等地发生聚集性疫情，各地纷纷倡议"减少流动、就地过年"，春节假期旅游消费不如预期。虽然旅游消费需求不减，但 2020 年旅游复苏之路一波三折，充满艰辛。

（三）疫情对旅游业的长期和潜在影响将改变旅游业发展格局

2020 年出境旅游和入境旅游几近停摆，国内旅游受到疫情影响，消费需求一再延迟或被抑制。旅行社、景区、酒店、餐饮等众多旅游企业遭受重创，不少中小企业业务量骤减、甚至现金断流、难以为继。2020 年 2 月 6 日文化和旅游部发布《关于暂退部分旅游服务质量保证金支持旅行社应对经营困难的通知》，决定暂退缴纳数额 80% 的旅游服务质量保证金。2 月 6 日，北京出台促进中小微企业发展 16 条措施，对经营范围和信誉良好的旅行社，全额退还旅游服务质量保证金。这些措施均为缓解旅游企业经营现金流不足等问题。2020 年 4 月，中国饭店业协会发布《新型冠状病毒肺炎疫情下中国住宿业生存现状报告》，调查覆盖全国的酒店企业、民宿客栈、租赁式公寓等，平均出租率为上年同期百分比均值 38.25%，营业额占上年同期的百分比均值为 28.05%。超六成企业调整员工工资，33.99% 企业基层员工工资按时发放，22.63% 按照最低标准发放，16.75% 发放 50%。同时，从长期来看，三个方面的变化会带来长期的影响：第一，疫情加剧了旅游企业间的竞争，抗风险能力弱的企业难以为继，旅游市场竞争格局发生变化。第二，受到疫情冲击的还有旅游者的消费习惯，例如在 2020 年疫情常态化之后迅猛崛起的自驾游、近郊游、房车旅游、无人接触的智慧旅游等，都将加速这些新兴领域的快速发展，未来影响产业的长远布局。第三，因疫情而留在国内的高端旅游消费需求亟待释放，对国内旅游特别是高端产品的崛起提供了良好的窗口期，比如高端近郊型度假类产品、免税购物等。

三、新型冠状病毒肺炎疫情下的旅游客运行业

旅游客运行业是传统旅游产业链中的基础环节。在"食、住、行、游、购、娱"等传统旅游六要素中，发挥着"行"的重要功能。自驾游、高铁游等异军突起，旅行社有组织接待在国内旅游中的份额越来越低。依赖旅行社揽客、以团队游客接待为主要形态的旅游客运行业，市场份额不断降低，正面临着严峻的挑战。旅游客运企业挣扎在微利的边缘，根据 2019 年对国内主要旅游客运企业的调查数据显示，将近三成的企业面临亏损的局面。传统旅游客运企业如何在高铁、自驾车的压力之下，在传统交

通企业纷纷涉足旅游领域的强大竞争面前，还能够获得成长空间，是近年来旅游客运行业探讨的重点。据 2019 年旅游客运行业发展报告，国内多个旅游客运相关的研讨、论坛、高峰会议等主题都聚焦在旅游客运行业的转型升级、融合创新发展方面。客运企业纷纷探索多元化发展，旅游包车、旅游租车、分时租赁等多种业务并存，有的客运企业专注旅游细分市场，如研学旅行等，有的更新车辆设备，更多配备电动车和中小型客车，也有旅游客运企业业务地域开始转移，有的探索网络平台揽客等互联网组客方式的转型。在旅游客运这一传统行业创新融合发展尚未成型，尚在摸索的阶段，2020 年的新型冠状病毒肺炎疫情更进一步加速了行业分化趋势，也干扰了传统旅游客运企业互联网化转型、人员和车辆结构调整以及经营模式创新等长期性的投入和探索步伐。

（一）旅游客运企业出车率严重不足

受新型冠状病毒肺炎疫情防控政策的影响，2020 年第一季度全国各地均采取了疫情防控的一级响应，采取了严厉的疫情防控措施，以及文化和旅游部门对团队出游的限制措施等，使得第一季度旅游客运企业出车率严重不足，七成多的企业出车率不足 20%。出车率 50% 以上的企业仅占 3.03%。同 2019 年第一季度相比，出车率下降了 71%。停止营运企业 32%，部分营运企业占到 56%，处于停工和半停工状态的企业高达 88%。

（二）旅游客运企业经营亏损面加大

根据对国内主要旅游客运企业的问卷调查，2018 年被访企业盈利的有 68%，亏损的有 29%，还有 3% 的被访企业处于盈亏平衡的边缘。到 2019 年，74% 的被访旅游客运企业盈利，而 26% 的被访企业亏损，旅游客运行业有盈利面扩大，逐渐向好的迹象。除了长期性的趋势，还主要基于以下原因，第一，2019 年在各地的旅游智慧化目的地建设中，旅游客运被整合进旅游目的地建设的整体布局，为传统行业创新发展带来新的商机，例如云南和海南。二是 2019 年各类庆典活动密集举办，政府采购订单增多。可是，这种向好的趋势遭受到 2020 年的新型冠状病毒肺炎疫情冲击，迅速转变为 2020 年第一季度 77% 的被访企业亏损、仅有 23% 的企业盈利的局面，客运企业经营亏损面显著增大（图36）。

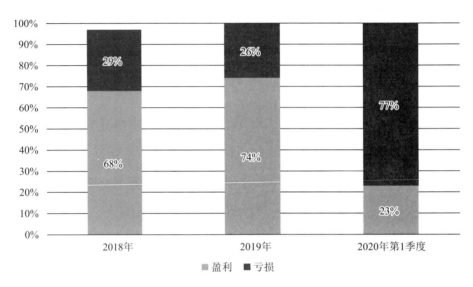

图36　2018年、2019年和2020年第1季度盈利对比

（三）旅游客运企业经营困难明显

客运企业面临着多种多样的经营困难，成本压力大、现金流不足、人员流失明显等是最主要的问题。在企业停工停产的日子里，人员成本、车辆停靠、维修保养成本等压力巨大，现金流明显不足。同时，疫情冲击导致旅游客运企业人员流失明显，部分旅游客车司机转职、转岗容易，但因司机培养周期长，技术门槛相对较高，企业再招聘成熟司机难，造成疫情防控进入常态化之后，旅游客运企业复工复产面临司机严重短缺的困境。另一方面，疫情对旅游行业的冲击影响深远，进一步加速了国内旅游散客化的趋势。租车预订在疫情期间订单增长10%，房车因其私密性、安全性等特点，疫情期间加速进入百姓生活，房车租赁成为热门，上汽大通房车科技有限公司2020年5月、6月、7月的订单数据与2019年同期相比增长了257%。这对旅游市场的长期影响，也增加了旅游客运企业复工复产的压力。

（四）旅游客运企业在疫情防控中的基础性作用彰显

近年来在旅游出行领域，公交车、城市轨道交通、私家车、出租车、自行车、房车、高铁等多种交通工具选择越来越多元，基于互联网平台的网约车、共享汽车、共享自行车等运营模式层出不穷。传统旅游客运行业的应用场景在不断减少，客运行业越来越难定位自己，找不到应有的发展空间。今年新型冠状病毒肺炎疫情期间，旅游客运企业在防控中的基础性作用得到彰显，多个地方龙头客运企业彰显了国企的责任感和担当，旅游客运企业在整个旅游出行体系中的基础性、保障性、公益性的特色得到凸显。北汽、江苏旅汽、云南旅汽等多个客运企业在疫情中接送援助武汉的医疗人员、从机场转运入境旅客进行隔离、运送防疫需要的物资等抗疫活动中，发挥了非常重要的作用。在疫情防控常态化之后，旅游客运企业又成为组织复工复产包车的主力军，保证了企业能够正常复工。

（五）旅游客运行业分化加剧

在疫情的冲击下，虽然旅游客运行业总体面临经营困难，但在局部仍然呈现一些亮点和机会，旅游客运行业分化加剧。例如，海外消费回流为国内旅游业提供了绝佳的复苏窗口期。以海南省为例，2020 年 7 月 1 日起，海南离岛免税购物额度从每年每人 3 万元提高至 10 万元。2020 年海南离岛免税全年总销售额 274.8 亿元，同比增长103.7%，免税购物 448.4 万人次，同比增长 19.2%。截至 2020 年年底，海南免税店中免、海免外、中出服、深免、海旅投等七家，分布在三亚、海口等城市和机场。火爆的免税购物带火了海南购物旅游，对旅游客运企业的接驳需求激增，旅游客运企业增长明显。而在一些疫情存在反复的中高风险地区，疫情管控措施持续时间较长、管控相对严格，旅游客运企业业务受到明显影响。此外，业务模式不同的企业也体现出不同的抗风险能力。例如开展企业班车业务的部分旅游客运企业，疫情期间业务量相对稳定，而旅游业务为主的企业，受到冲击较大。

在这种形势下，宜昌等地也出台了《支持旅游客运企业恢复发展二十条措施》等，从营造公平市场环境，放开车辆租赁市场，打击非法营运，规范旅游客运管理等多个方面，助力旅游客运行业恢复。

（六）旅游客运健康客车技术更新加速

为了应对疫情防控常态化需要以及疫后客运行业的全面复苏。国内主要客车企业纷纷推出多款健康客车，在杀菌除菌、空气净化、乘客测温、智能支付、远程操控等多个方面进行技术突破和设备更新。这提升了旅游客运行业硬件智能化的发展水平（见表7）。

表7 "健康客车"的主要功能与技术[①]

名称	用途功能	技术介绍
金龙客车全健康客车	具有健康呼吸、健康接触、健康防护和健康检测等功能。能够智能远程控制，集中消杀病毒，智能生成报表上报。	在专利技术TDK车载空气电子除菌技术基础上，针对新冠病毒传播特点进行改良。利用紫外线照射空调风道内的空气和光触媒等，确保车内空气清洁安全。
金旅客车健康移动空间	空气杀菌消毒净化系统、航空级新风装置、隔离防护技术、人体体温监测报警系统和非接触式支付系统等。	具备自动和手动两种控制模式进行空气杀菌消毒，可快速、全面对车厢内悬浮在空气中或者残留在座椅、扶手杆、窗帘、车顶等位置的细菌和病毒进行灭杀。利用红外线成像技术，车前3米便可快速检测乘客体温。
苏州金龙智慧健康客车	具备全方位智慧防护特点，能智能检测体温。具有大数据识客系统、全方位效度喷淋系统和负压隔离空气过滤系统等。	可进行智能体温筛查，通过红外热成像双目摄像机和人体测温黑体，实现±0.3℃精度的人体温度测量。车顶安装空气净化天窗、正负离子及臭氧发生器、紫外线杀菌灯，风道内增加光触媒紫外线车载除菌器。
宇通客车	搭载双向车内新风换气技术、离子净化复合光催化空气净化、抗菌健康座椅和紫外线灯消毒系统。	可实现新风量每小时达800立方米以上，顶风窗排气量提升两倍以上。具有过滤P米2.5、除菌消毒、除异味和对有机挥发性气体降解功能。通过在座椅面料中植入抗菌丝和抗菌涂料来达到抗菌效果。
中通客车健康客车	具有静止状态全面杀毒、运行状态对空气全面清洁、经济易养护、高洁高效、方便易控等功能和特点。	以空气为媒质，不需要其他任何辅助材料和添加剂，灭菌彻底。系统控制植入到整车控制系统，功能实现只需一键选择，即可完成空气置换和消毒。
福田欧辉超级健康客车	对客运车辆的车内空气净化、接触面消毒和乘客健康状态进行实时防护。包括超级测温拦截系统、超级空气滤净系统、超级紫外循环系统等。	搭载人体测温半球、人体测温卡片等多种测温工具，搭载防病毒净化逃生窗与车载空气杀菌净化器。将紫外线消毒灯部署在客车通风风道内部。以全自动喷淋方式对客舱内的扶手、座椅、地面等频繁接触区域的无死角消毒。专门配置了指尖式血氧监测设备。
安凯客车	具有双电压静电电离空气技术、正负离子技术、微臭氧杀菌技术、紫外线杀菌技术等。	在5KV高压静电电极作用下，细菌、病毒、灰尘、甲醛、甲苯、二甲苯等有害气体会被电离、吸附和快速灭杀。

---

① 资料来源:《"健康客车"来了！与宇通/中通/金龙/欧辉一起　准备好的还有谁？》，方得网，2020年2月19日，http：// 米 .find800.cn/index.php?a=show&catid=252&id=131785。

续表

名称	用途功能	技术介绍
开沃汽车新能源智能健康客车	具有热成像监测系统及车载热成像技术、吸顶式杀菌净化器、紫外线杀菌灯、自循环空气净化空调系统、空气净化装置的安全天窗、抗菌座椅等技术功能。	可提供本地人脸比对、告警信息存储、进行云端交互等功能。大数据溯源追踪辅助手段。利用循环风扇对空气进行循环净化，具备空气负离子、臭氧和光触媒等多种净化手段。采用 HPEA 调滤网除臭且有效除去 99.8% 的 P 米 2.5 微粒。
中车电动"运控净化"能源客车	"云控系统"是一款高度集成、高度智能、高度安全的智能网联系统。驾驶员通过手机小程序即可实现远程操控，对车辆远程消毒、实时杀菌。	"双电压静电电离集尘除菌"空气净化装置能对车内空气进行净化循环，循环次数达 18 次／小时以上，现场除菌率高达 99%。多重过滤系统可过滤花粉、粉尘、烟雾，杀灭细菌、微生物和气溶胶等，同时输出数千万个负氧离子，确保车内空气清洁安全。

（根据网络资料整理而得）

四、复苏、转型与未来发展

危与机并存。虽然疫情带来强烈冲击波，对旅行社、旅游客运等以团队为主要对象的接待单位造成了强烈影响，甚至加速了传统行业的进一步分化，但疫情中的一些变化也蕴含着未来发展的机会。

疫情给旅游客运企业带来的几个变化：第一，车辆通风消毒设备和技术的更新。主要客车制造企业在客车制造中增加了消毒和通风设备，推出健康客车等，以适应疫情防控常态化的需要。例如宇通、中通、金龙、金旅、海格、福田欧辉等主流客车企业推出"健康客车"，提出"AQS 空气质量管理系统""车载 N95 口罩""纳米级负离子车载除菌系统""远红外测温技术""热成像检测系统"等。厦门金龙的金龙全健康客车，搭载了全自动喷淋系统，能高效完成车内物品和空气的消毒灭菌[①]。这将对旅游客运企业在疫情防控的常态化形势下开展业务提供了保障。第二，旅游客运企业在疫情期间接驳境外输入人员、护送防疫一线人员等做法，积累了大量的一线防疫经验，有的客运企业形成了消毒、测温、限流等规范化的服务流程，提出了具体的操作规范，加强了人员的培训，提升了防控意识，这对开展旅游相关业务提供了保障。第三，疫情下对人员聚集数量的限制，对智能化的无接触设备的需求，进一步加速了正在进行

---

① 方得网，2020 年 2 月 19 日

中的客车小型化和智能化进程。

这些变化都对旅游客运行业长期发展提供了保障。可以预见，旅游客运行业多业务模块、多盈利渠道的发展方向不会改变。出租车、客车、汽车租赁、汽车维修等多业融合，旅游包车、班车等多业务模块同在的形式，在疫情之后会更进一步巩固。在国内构建新的发展格局中，旅游客运作为基础的运力配备，仍然有发展的空间，面临发展的一些机会。

（一）新发展格局中蕴含长期发展机会

自 2020 年 6 月 18 日陆家嘴金融论坛上首次提出"要以国内大循环为主"之后，在党的十九届五中全会通过的《中共中央关于制定国民经济和社会发展第十四个五年规划和二零三五年远景目标的建议》提出，要加快构建以国内大循环为主体，国内国际双循环互相促进的新发展格局。在新发展格局中，经济循环的畅通离不开城乡间的融合互动。当前我国在旅游客运领域，城市旅游交通已经形成相对完备的体系，但在城乡之间、在广大乡村地区，仍然存在农村公路、客运站、客运信息平台等建设严重滞后，随着这些基础设施和服务短板的弥补，旅游客运仍有施展空间。在城乡融合发展的综合交通体系构建中，客运企业具有基础性作用。

（二）专项旅游领域蕴含机会将有助于客运行业快速复苏

在体育旅游、红色旅游、研学旅游、夜经济等领域，旅游客运企业面临发展机会。当然面对这些新兴的市场需求，旅游客运企业还需要在车辆配备、组客方式、经营模式等方面大幅革新，才会适应新需求。2021 年是中国共产党建党百年纪念，与此相关的红色旅游、研学旅游等需求将会增长，将为旅游客运企业疫情后快速复苏提供助力。2022 年冬奥会将在北京召开，近两年以冰雪旅游、冬奥赛事旅游相关的团体出行，将为旅游客运企业提供机会。为大型活动提供保障，一直以来是很多旅游客运企业的"基本功"，当前不少旅游客运企业都是由政府外事部门接待车队转型而来，在历次的政府接待、大型活动中都发挥了重要的保障作用。此外，近年来夜游产品火爆。夜晚的美食街区、文娱表演、夜间动物园、餐饮、酒吧、咖啡厅等休闲场所、灯会和灯光秀等，激发了大量的旅游交通服务需求。

（三）重点深耕不同区域将成为旅游客运行业疫后的现实选择

虽然 2020 年疫情肆虐，但旅游需求在地域上还是呈现出冷热不均的现象。疫情影响较小的海南、长三角地区疫情确诊病例较少，防控更为精细化，区域内防控措施一致。生活、工作、旅行受到的影响较小，旅游消费需求反弹和恢复较快，也承接了大量国外回流的旅游消费，这些都可以作为未来深耕的重点区域。此外，国家区域战略的重点地段，如国家公园、国家文化公园等周边，大运河沿线、长城沿线以及黄河沿线等省区将成为文化旅游基础设施和公共服务投入的重点区域，需要旅游客运企业的提前进入和布局。

智慧旅游背景下旅游道路客运企业的发展与转型

交通运输作为旅游业的支持和构成部分，对于区域旅游发展具有重要的推动作用。本文以旅游道路客运企业为研究对象，梳理了旅游、旅游交通与旅游客运三者间的关系，通过实地调研和问卷调查等方式，分析了企业发展现状与面临的困境；并提出在智慧旅游背景下，企业在智慧旅游服务、智慧旅游管理和智慧旅游营销三方面的发展和转型方向。

一、引言

2017 年，"大力发展全域旅游"第一次出现在政府工作报告中。2019 年，国务院发布《交通强国建设纲要》，提出要深化交通运输与旅游融合发展。交通运输一直是旅游业发展不可或缺的部分，是决定旅游目的地可进入性的最重要因素。王新越等（2020）运用动态因子分析法发现旅游交通因子是我国主要旅游城市旅游业发展的影响因子之一。张建涛和陈珂（2020）对我国各区域旅游发展综合水平进行测度，发现旅游交通对区域旅游发展水平有较大的驱动作用。总的来说，旅游交通在旅游业中的地位和作用主要表现在以下几方面：旅游交通是旅游最基本的要素之一；是重要的旅游吸引物；是旅游收入的重要来源之一；对旅游目的地的发展有重要影响；对旅游者的旅游体验有重要影响；对旅游者目的地选择有重要影响。显然，推进旅游交通的发展对于旅游业和交通业都具有重要意义。

国内外学者对于旅游交通管理进行了丰富的研究。但国外的研究几乎全部集中在对航空公司、机场、航空路线的管理，对陆路、水运旅游交通的研究却非常少（申涛，2010）。当前针对我国旅游交通系统的专门研究还不多，更没有形成系统性综合理论研究成果（黄柯等，2007）。国内的学者更多地将旅游与交通分割开研究，缺乏对各种交通类型的关注，尤其是道路客运方式。因此，本文将目光放在了旅游道路客运这一旅游交通类型上。

2010 年，江苏镇江第一次提出了智慧旅游的概念；2014 年，国家旅游局确定当年为"智慧旅游"主题年；2015 年，国家旅游局印发《关于促进智慧旅游发展的指导意见》。智慧旅游成了世界旅游业发展的必然趋势，也是我国旅游产业转型升级的战略需求（沈红，2014）。其不仅能够提升我国旅游业的服务水平，也推动了传统旅游企业的转型升级。因此，智慧旅游成了我国传统旅游道路客运企业转型升级的新契机。本文通过对相关企业的实地调研和问卷调查，探索行业和企业当前发展现状与困境，并结合智慧旅游这一背景，针对性提出相应发展与转型建议；同时希望对旅游交通这一交叉学科存在的定义不清、旅游道路客运相关研究稀缺等问题，做出一些贡献，吸引更多学者的关注。

二、概念界定

（一）旅游与旅游交通

究竟何为旅游，国内外一直缺乏一个统一的定义。本文采用谢彦君（2015）的观点，"旅游是个人利用其自由时间并以寻求愉悦为目的而在异地获得的一种短暂的休闲体验"。旅游的本质是获得愉悦性的休闲体验，旅游最重要的两个外部特征是异地性和暂时性。异地性决定了旅游离不开旅游交通的支持。旅游产品为了满足消费者的愉悦性休闲需求被生产出来，图 37 展示了旅游产品的利益构成。交通作为旅游产品的追加利益构成了旅游产品整体。

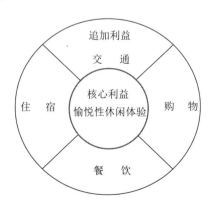

图 37 旅游产品的利益构成

国内外学者对于旅游交通有比较多的界定和讨论。Prideaux（2000）提出应该将旅游交通看作一个系统，而不是服务旅游业的单独的个体。保继刚和楚义芳（1999）认为旅游交通是旅游者在客源地与目的地之间的往返以及在目的地内的活动所需要的交通服务。关宏志和任军（2001）将旅游交通分为狭义和广义进行讨论。广义的旅游交通是指以旅游、观光为目的的人、物、思想及信息的空间移动；狭义的旅游交通仅针对人或物。卞显红和王苏洁（2003）认为旅游交通是指支撑旅游目的地旅客流和货物流进流出的交通方式。这一点和关宏志等提出的狭义的旅游交通基本一致。Les Lu米sdon 和 Stephen（2004）认为旅游和交通是不对等的，旅游无法离开交通，而交通可以独立存在，并且交通本身可以作为旅游吸引物。傅云新（2004）提出旅游交通是为旅游者提供其在常住地与目的地之间和旅游目的地内部的空间移动以及由此而产生的各种关系的总和。

综合来看，以上学者关于旅游交通的概念界定主要聚焦于三个方面。第一，旅游交通的发生场景是客源地与目的地之间以及目的地内部。第二，旅游交通是一种工具，为旅客或者货物提供交通服务。第三，旅游交通是空间移动以及由此而产生的各种关系的总和。

（二）客运与旅游客运

按道路运输条例中的解释，"客运"是指以旅客为运输对象，以汽车、火车、飞机为主要运输工具所实施的有目的的旅客空间位移的运输活动。交通运输部《道路旅客运输及客运站管理规定》中将客运分为班车客运、包车客运、旅游客运三种类型。并将旅游客运定义为以运送旅游观光的旅客为目的，在旅游景区内运营或者其线路至少有一端在旅游景区的一种客运方式。

然而，交通运输部关于旅游客运的定义，存在诸多不合理之处。首先，定义中旅游客运的服务对象是以旅游观光为目的的旅客，而将其他各种目的的旅客排除在外了。旅客出游的目的多种多样，这一限制显然是不合理的。其次，定义中要求旅游客运需在旅游景区内运营或者其线路至少有一端在旅游景区。随着旅游业的发展和旅行需求的不断变化，旅客的移动需要远不局限于景区的到达和离去或景区内部。因此，这样的定义显然是有些狭隘的。笔者认为，参考对旅游交通的定义，在本文中将旅游客运定义为以运送旅游者为目的，发生在客源地与目的地之间以及目的地内部的一种客运方式。这一定义将旅游客运对象从观光旅客扩大到各种目的的旅游者，并将至少线路一端在旅游景区的限制去除，扩大到客源地与目的地之间以及目的地内部。这样定义有助于更好地界定和明晰本文旅游客运的指代和研究范围。

（三）旅游道路客运

按照交通方式，可以将旅游客运分为航空运输、道路（公路）运输、水路运输、铁路运输等类型。本文讨论的是道路运输这一形式。道路运输主要依赖公路和各种类型的汽车。以旅游道路客运业务为主要经营业务的企业即为旅游道路客运企业（生活中这部分企业一般叫作旅游客运企业，实际上主要经营旅游道路客运业务）。

保继刚和楚义芳（1999）根据旅游交通的空间尺度和旅游过程将旅游交通分为三个层次：外部交通、由旅游中心城市到风景区的交通和内部交通。根据这个分类，绘制了旅游交通层次图（见图38）。

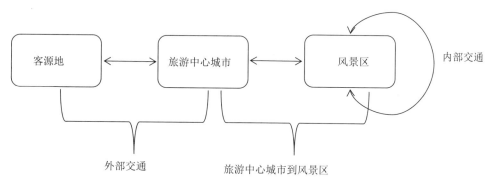

图38 旅游交通层次

旅游交通层次中的第一个层次是外部交通。在这个层次旅游者有丰富的交通方式可以选择，比如航空、铁路、公路和水路。影响旅游者选择的因素有客源地与目的地的距离、交通方式的价格、交通方式的运输特点、旅游者偏好等等。现有研究一般认为，直线距离大于1000公里的旅游活动以航空方式为主，铁路方式为辅。直线距离250公里到1000公里的旅游活动以铁路交通为主，航空和道路为辅。直线距离小于250公里的旅游活动以公路为主，铁路为辅。因此，作为旅游道路客运企业，在第一个层次中，主要关注的是中短途旅游活动，尤其是小于250公里的短途旅游活动。第二个层次是旅游中心城市到风景区，一般都是短途行程，大多依赖于道路运输方式。因此这一层次是旅游道路客运企业关注的重点。第三个层次是风景区内部交通。这一部分主要由景区提供，如游览车、索道等，旅游道路客运企业也应该适当关注。

（四）智慧旅游与旅游交通

智慧旅游起源于"智慧地球（Smart Planet）"及其在中国实践的"智慧城市"。智慧旅游是基于新一代信息技术（也称信息通信技术，ICT），为满足旅客个性化需求，提供高品质、高满意度服务，而实现旅游资源及社会资源的共享与有效利用的系统化、集约化的管理变革（张凌云等，2012）。本质上智慧旅游是 ICT 等智能技术在旅游业中的创新应用，有利于服务质量的提升、旅游体验的完善、旅游企业管理的提效和旅游资源的利用。

旅游交通对于智慧旅游的发展具有十分重要的意义，是智慧旅游发展的先决条件。一个区域智慧旅游发展程度的高低，主要体现在线上旅游服务的范围和深度，而真正将线上服务落地为现实服务的途径便是旅游交通服务（许朝泓，2018）。如果旅游目的地的可进入性难以满足，该地的智慧旅游甚至旅游业的发展都必然受到阻碍。同样，智慧旅游的不断推进也会反过来促进旅游交通的发展。在智慧旅游下，旅游需求类型和旅游供给方式都会发生深刻改变，从而促进旅游交通经营企业创新发展以适应和满足新的需求，加速整个行业的转型升级。

三、旅游道路客运企业发展现状与困境

（一）发展现状

在传统客运行业不景气的背景下，2019 年旅游客运行业业务量持续下滑。道路客运市场不断萎缩已经成为无法逃避的事实。根据我国交通运输部数据，2019 年公路旅客运输量为 130.1 亿人次，同比下降 4.8%；旅客周转量为 8857 亿人公里，同比下降 4.6%。被视为客运行业黄金十年的 2002—2012 年间客运量每年增长约 10%，2012年以后开始进入负增长的新常态，此后几乎每年呈现 6% 左右的负增长态势。2013—2019 年我国的公路旅客运输量如图 39 所示。

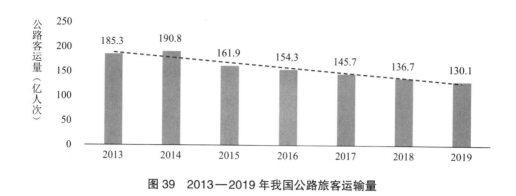

图 39　2013—2019 年我国公路旅客运输量

同时，从与旅游道路客运业联系紧密的客车制造业看，5 米以上客车和 6 米以上新能源客车的销量与 2018 年相比都有不同程度的下降。根据客车信息网的数据，2019 年全年，行业共销售 5 米以上客车 189630 辆，同比下滑 6.72%；2019 年全年共销售 6 米以上新能源客车 76278 辆，同比下滑 16.76%。客车销售量的下滑也反映了其主要需求端旅游客运行业的不景气和市场的萎缩。

从宏观数据来看，无论是公路客运量、旅客周转量，还是客车销售量，旅游道路客运行业都呈现不断下行的态势。

为了更加了解行业内微观主体——企业的发展现状，连续两年对包括首汽集团、北汽集团、江苏省外事等十余家企业进行了走访调研，同时对行业内多家企业进行了问卷调查。问卷主要调查了企业 2018 年和 2019 年的发展现状和困境，以期从企业的角度来更全面地认识行业的发展现状与困境。

从企业人员规模与构成来看，2018 年样本企业的人员规模的中位数为 150 人，2019 年为 140 人。2018 年从事旅游客运业务的人员占公司现有人数的平均比例为69.08%，2019 年为 78.78%，七成以上的企业，有超过 60% 的工作人员在从事旅游相关业务。数据显示，整体上企业人员规模缩小了 7.14%。产生这一现象主要有两点原因，一是抽样误差；二是企业规模缩减导致的裁员或者员工离职。整个行业以员工数量为 200 人以下的中小企业为主，同时也存在着一定数量的龙头企业。2019 年 65.00%的企业总人员规模处于 0~200 人之间。超过 1000 人的大型企业只占 10.26%。人员规模整体呈现出两头多，中间少的状态，即小型和龙头企业较多，中型企业较少。人员规模的详细数据如图 40 所示。旅游道路客运企业从业人员中最主要的职业是客车驾驶员。

由于行业特殊性，驾驶员需要具备 A1 驾照。A1 驾照取得难度大、时间长，持有者比较少。调查显示，2019 年各企业在职驾驶员的数量的中位数为 173，其中 A1 驾照拥有者为 111，平均占比为 64.16%。A1 驾照驾驶员年龄在 30 岁及以上的企业占 87.80%。这说明了 A1 驾照取得难度之大，年轻驾驶员稀缺。

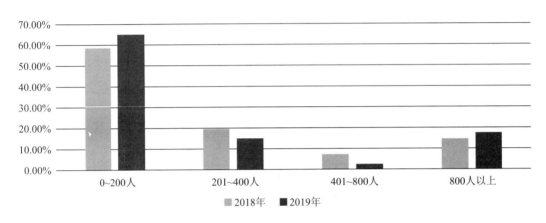

图 40　不同人员规模公司占比

从企业的经营情况来看，2018 年样本企业的营业收入的中位数为 3000 万元，2019 年为 2380 万元，同比减少了 25.84%。2019 年 71.43% 的企业营业收入规模处于 0-5000 万元之间，营业收入超过 1.00 亿元的企业只占 14.29%。2019 年处于盈利状态的企业占比为 74%，处于亏损状态的企业为 26%。2018 年处于盈利状态的企业占比为 67%，处于亏损状态的企业为 30%，盈亏平衡的企业为 3%，盈利企业占比有所增多。

无论从宏观的行业数据，还是微观角度的企业经营情况来看，旅游道路客运行业整体上正处于不断下滑的阶段，这是无法回避的事实。下文将讨论产生这一现象的原因和行业内企业正面临的发展困境。

（二）发展困境

在剧烈的外部冲击下，旅游道路客运行业内部也风雨飘摇，行业发展窘况越发凸显。本文拟从外部威胁和内部限制两方面分析企业目前的困境，以寻找相应的应对策略。

1. 外部威胁

近年来，对整个道路客运行业冲击最大的外部因素是高铁网络的全面布局和2020年新型冠状病毒肺炎疫情的影响。由前文的旅游交通层次模型可知，在第一个层次外部交通中，旅游者有丰富的交通方式可以选择，它们大多互为替代品。随着高铁的快速发展，挤压了道路客运企业大量原有的中长途业务。运输距离和高铁发车密度对道路运输都有影响。当高铁发车密度一定时，运距越远对道路客运影响越大，而运距相同时，高铁发车密度越大对道路客运影响越大（王英涛，2010）。由此，随着高铁线路的大量开通和发车密度的不断加大，旅游道路客运企业外部交通中的中长途业务受到严重的挤出。

旅游交通层次模型的第二个层次是中心城市到风景区，这一层次的交通选择基本上仍以道路运输为主。然而共享单车、共享汽车、共享房车等基于互联网的新兴出行模式，给这一层次提供了更多的交通方式选择，瓜分了一部分旅游客运市场。同时随着交旅融合的不断推进，旅游客运市场细分越来越精细，大量交通客运企业开始进入旅游客运市场，进一步加剧了原来市场的竞争。

除以上威胁之外，旅游客运行业作为交叉行业，行业边界模糊，一直以来也没有对其统一的界定。相关管理部门权职交叉，行业秩序比较混乱，缺乏社会认同度。

2. 内部限制

旅游客运行业由于其本身特性的限制，其发展本就存在一定的局限与困境。其中最大的问题是缺乏发展活力。这一问题最突出的表现就是行业从业者中年轻人很少。A1驾照获取难度大，工作辛苦且压力大，相应的报酬却难以匹配高强度的劳动，加之社会认同度低，职业地位不高等种种原因使得越来越少的年轻人愿意进入行业。调查显示，受访企业拥有A1驾照的驾驶员的最小年龄的平均值是34岁，这一数据也说明了该行业年轻人的稀缺。

行业内还存在着众多不法经营的"黑车"，这部分车辆大多存在着一些问题，不能办理《道路运输经营许可证》和《道路运输证》，更没有客运经营许可。这部分"黑车"缺乏正规的经营资质和管理体制，依靠低廉的价格吸引旅客，加剧了市场的混乱，影响了整个行业的服务质量和形象。

相对于"黑车"的难以监管，正规经营的合法企业就面临着很多的政策限制，缺乏自主权。通过对相关企业的走访调研发现，自主权的缺乏已经成了其经营的主要困难之一。比如2018年5月交通运输部《道路旅客运输企业安全管理规范》对客运驾驶员驾驶时间、休息时间和经营规范等做出了详细的规定和严格的要求。对于交通运输部门来说，最重要的职责是安全监管。然而目前的监管范围涉及了运行线路、运行时间、运行频次等等运营过程中的细节安排。这部分安排和决策更应该交由企业在保障安全的前提下独立决策和运行，充分发挥市场的作用。

四、智慧旅游背景下旅游道路客运企业发展与转型

不可否认的是，面对外部环境和内部特性的双重冲击，旅游道路客运业的发展困难重重。必须承认的是，作为旅游客运的交通形式之一，旅游道路客运是十分重要且不可或缺的。它在整个旅游交通乃至旅游的过程中，都发挥着显著的作用。面对它不断下行的态势，在智慧旅游不断深入发展的背景下，抓住智慧旅游这一契机以推进企业改革与转型迫在眉睫。

根据前文对旅游产品的利益构成的界定，愉悦性体验是旅游产品的核心利益，交通、住宿等追加利益支持和完善了旅游产品。类似地，本文提出了旅游交通需求的构成（见图41）。以空间移动为核心需求，交通产品的价格、搭乘方便性与运行速度、乘坐环境与审美体验四个方面构成了追加需求。按照现代服务营销学理论，核心产品可能占据所提供服务成本的70%，但可能只有30%的影响力；而边缘产品可能只占据30%的成本，而有70%的影响力。因此，在满足空间移动的核心需求上，如何利用智慧旅游这一次新模式去最大限度地满足追加需求成了企业设计和改进交通产品的关键。

图41　旅游交通需求的构成

智慧旅游的四大应用对象为：以政府为代表的旅游公共管理与服务部门、旅游者、旅游企业以及目的地居民（张凌云等，2012）。旅游企业作为其中重要的应用对象，需要解决如何在满足自身发展需求的同时，更好地完成与其他主体间的交互活动这一难题。下文从智慧旅游这一背景出发，基于更高效地满足消费者追加需求的要求，结合实地和问卷调研成果，分别从智慧旅游服务、智慧旅游管理、智慧旅游营销三个方面提出和总结了企业发展和转型方向。

（一）智慧旅游服务：推进旅游交通产品与服务创新

随着以互联网为核心的智慧旅游不断渗透到旅游者行为的各个阶段，其旅游目的、产品需求、消费行为、目的地选择等等都在不断地发生改变。如何发现新需求乃至创造新需求以进一步促进消费，智慧旅游或许是一个很好的途径。

2017 年六部门联合印发《关于促进交通运输与旅游融合发展的若干意见》（下文简称《意见》）。《意见》以当前交通运输新需求为基础，提出构建"快进慢游"的旅游交通网络。《意见》的重点是推进旅游交通产品创新。运游结合是道路客运与旅游要素相融合的一种新兴业态，这对促进"交通＋旅游"融合发展，加快传统道路客运业转型升级，提升旅游运输业服务水平具有一定的现实意义（薛松，2018）。旅游交通不同于一般交通，多了审美需求这一追加需求。以公路旅游为例，近年来兴起的公路旅游就很好地满足了这一需求。旅游公路是兼具交通与旅游双重功能的公路，是公路与旅游融合的一种新业态、新模式（孟强，2020）。旅游公路可以提供完善的服务设施和旅游信息，满足游客审美需要，具有季节性、舒适性、安全性和浏览性等特点（孟强，2009）。旅游公路可以划分为文化型、景观型、高速型和科技型四类（丁华等，2013）。旅游公路的游览一定是以汽车等道路运输工具为基础的，依靠以互联网为核心的智慧旅游，可以提供更完善的旅游信息和服务，满足旅游公路的可游览性。公路旅游的不断发展为旅游道路客运企业提供了新的产品创新方向，企业需要思考应该如何设计和创新旅游产品以满足消费者的需求变化。

随着智慧旅游的发展推进，旅游者的旅游方式和出行方式也会不断发生变化。个性化和自主化的旅游需求带来了碎片化的出行和用车需求。加之消费者消费方式的转变，共享经济开始成为新的生活方式，所有权转移被使用权转移逐渐替代。为更好地整合用户碎片化需求，提供便捷、绿色、经济的出行服务，2020 年 10 月 16 日，首汽集团旗下共享汽车平台GOFUN科技宣布进行品牌升级，平台涵盖了从车辆生产、运营到保险、二手车买卖等车辆全生命周期。利用智能手机的应用程序，实现了更便捷、高效的数字出行方式。智慧旅游使得企业产品和业务更加丰富和多元，企业应该顺应智慧旅游的背景，升级传统业务，扩展新兴业务。

旅游出行需求的越发个性化，也使得定制产品越来越受欢迎。大量线上服务应用软件的涌现很好地提供了满足需求的平台。作为产品和服务的提供方，旅游道路客运企业需要思考如何发展定制化业务。根据定制针对的内容可以将定制化具体分为车辆定制化、线路定制化和服务定制化。随着出行需求的转变和新型冠状病毒肺炎疫情的影响，越来越多的大型团转变成小型团和精品团。由此对运输车辆型号的需求也发生了转变，"车型大改小"成了明显的趋势。这一改变一方面适应了小型团和精品团的运载人数和需求，另一方面九座以下的客车可以由持有C1驾照的驾驶员驾驶，一定程度上缓解了A1照驾驶员紧缺的问题。无论是提供更高质量的点对点接送服务，还是根据顾客自身的特点和需求，改进乘车环境和服务等，根本上还是为了增加旅游客运车辆的吸引力，满足乘客的追加需求。企业还可以提供有主题的、更深层次的旅游体验，比如研学旅游和红色旅游等主题旅游。与高速铁路客运相比，道路班线客运既有劣势，也有优势（牛强，2017）。高速铁路的快速发展，对旅游道路客运企业而言也带来了一些机遇。比如，高铁网络的遍布增加了大量的目的地与高铁站间的客运需求。这一部分对应于旅游交通层次模型的第二个层次，这一层次内空间转移大多依靠道路运输的形式得以实现。高铁带来的巨大客流量，通过定制化的运输服务一部分转化成了旅游道路客运企业的新业务。

（二）智慧旅游管理：优化企业经营战略与内部管理系统

根据前文的界定，旅游客运是以运送旅游者为目的，发生在客源地与目的地之间以及目的地内部的一种客运方式。这一定义有两个基本的要求：运输对象和运输路线。作为旅游客运公司，旅游客运业务一定是其主要业务但不是全部业务。我们的调研样本中，没有旅游道路客运企业将旅游道路客运业务作为其全部业务，都在一定程度上经营着其他的业务，甚至其他一些业务还占据了比较大的比重。企业应该将部分经营重心从传统旅游道路客运业务转移出来，以应对高铁冲击、疫情影响等外部环境变化。比如班车客运业务，这部分业务大多数是长期签约的，需求和收入稳定，并且没有季节性影响，不存在收入大幅波动。新型冠状病毒肺炎疫情对班车通勤业务的冲击也不大，相对于旅游客运业务的脆弱性，这部分业务更加稳定和可靠。对于处于有大型集团企业、工业园区、经济开发区的旅游客运企业来说，通勤车业务或许是一个很好的多元化方向。对样本企业的经营业务范围进行调查，发现企业的业务可以分为三个部分：基本业务、相关多元化业务和非相关多元化业务。整理得到表8。可以看出，从单一客运业务向多元化经营转型，成了很多旅游道路客运企业面对"行业寒冬"的应对之举。在智慧旅游的背景下，企业更应该优化经营战略，扩展多元化业务。当然，多元发展并不意味着简单投资以拓展业务，需要调研和分析相关业务领域等大量前期工作，才有可能在新的市场上获得竞争优势。

表 8　旅游道路客运企业经营业务

业务类型	业务范围
基本业务	旅游客运、出租客运、包车客运、汽车租赁、汽车修理等
相关多元化业务	汽车检测和清洗、相关保险代理、相关零配件销售、承办会议及商品展览展示活动、网约车等
非相关多元化业务	增值电信业务、房地产开发经营、烟酒食品日杂零售、运货代购等生活服务、咨询服务等

（资料来源：笔者根据各企业官方网站信息整理）

互联网和大数据为企业提供了更高效率更低成本的管理模式。对于日常经营活动，利用大数据和互联网设备，可以高效实时监控车辆状况和运行路况，包括出发地与目的地的线路选择与行程规划、道路交通信息和实时路况、加油站和汽车维修点等信息以及气象信息等，保障基本业务活动的顺利开展。对于企业内部管理，可以借助于互联网技术和大数据，进一步优化内部管理流程，提升数据搜集和分析能力。对于顾客管理，大数据可以有效分析和预测需求，挖掘潜在消费者，提供个性化服务与产品。互联网和大数据的应用离不开专业人才的作用。尤其对于旅游道路客运企业而言，互联网专业人才更为缺乏。企业应该加大专业人才投入与引进力度，一方面提升企业管理水平，另一方面也可以为行业吸收新的人才，增加行业的吸引力和社会认知度。

（三）智慧旅游营销：依托互联网平台大力发展线上服务

智慧旅游对于旅游业传统行业最大的改变就是互联网技术的引入与深入应用，为此很多传统行业都注入了新的生机和活力。对于旅游客运企业，线上渠道的扩展使得其相关业务量需求增加。如何利用好互联网这一线上渠道，对于旅游客运企业未来的发展是十分重要的。在此背景下，推出了许多提供线上租车或者包车服务的网站、公众号、应用程序。他们大概可以分为三类：一类是企业在自己的企业官网或者公众号提供租车或者业务服务；一类是基于交通运输工具的集合工具，比如巴士管家、好行网、神州租车和租租车；一类是基于旅游目的地的综合工具，比如一机游云南。其中诸如巴士管家、好行网等基于交通运输工具的集合工具上有很多品牌和公司的各种类型的大中小汽车和房车，顾客从中自主挑选，交易成功后平台收取 1% 左右的手续费。这部分线上渠道能为企业带来不少的业务量，也成为企业收入的重要来源。

Ragunathan 等（2015）认为目前的互联网不能针对细化环节为旅游者提供个性化信息服务，提出构建智能交通旅游系统（Intelligent Transport and Tourism System）。系统可以提供公共汽车、小汽车、机动人力车和火车的设施信息和智能行程安排。而我国 2017 年以"一部手机游云南"为开端和代表，已发展出全新的新型全域智慧旅游生态模式——"一机游"（一部手机游的简称）。截至 2019 年年底，"一部手机游云南"面向游客端的"游云南"APP 的下载量达到 500 万，为公众提供超 1 亿次服务，"游云南"小程序用户数超 400 万，小程序集群累计访问量突破 1700 万人次。"一机游"模式现已在甘肃、温州、重庆武隆区和芬兰赫尔辛基等地因地制宜地推广复制。可以预见，未来"一机游"将结合多种智能技术，创新拓展面向政府、游客及企业的多种应用场景，全面助推数字经济发展。"一机游"的巨大成功，为旅游道路客运企业尤其是中小型企业带来了新的希望。智慧旅游下，线上消费线下体验的模式进一步深化。旅游者的出行活动越来越依赖于智能设备。对于企业而言，是发展官方平台，还是加入流量更大的第三方平台，抑或是联合成立新的平台，如何发挥互联网平台最大功用来推广企业业务成了企业新的功课。

第三部分

典型案例

旅游客运行业抗击新型冠状病毒肺炎疫情的主要做法

2020 年新型冠状病毒肺炎疫情在全球肆虐，对全球旅游形成毁灭性打击。中国在抗击新型冠状病毒肺炎疫情中采取的常态化防控模式，取得了显著的效果，疫情得到快速有效的控制。尽管如此，旅行社、景区、民航、高铁、旅游客运等行业受到前所未有的冲击和影响，经营困难，举步维艰。

但在全民抗疫的过程中，旅游客运企业提高政治站位，明确责任与担当，在抗击疫情过程中，发挥了重要的基础性和保障性作用。主要做法包括：（1）建立专项组、制定疫情防控预案。（2）积极输送人员和物资，提供交通服务保障。（3）成立专项爱心车队，选调精兵强将参与抗击疫情工作。（4）积极开展自救，助力企业复工复产。（5）实行精细化管理，制定有效防控的服务流程和规范。这些做法，为疫情防控、旅游客运行业自救以及本地企业的复工复产提供了关键支撑，涌现出很多值得借鉴的做法。

案例一　北京首汽（集团）股份有限公司旅游车分公司

（一）公司简介及发展历程

北京首汽（集团）股份有限公司旅游车分公司从事大中型客车出租业务，是旅游客运业内历史悠久，具有超大规模的企业，拥有安凯、北方、金龙、宇通、考斯特等豪华客车 800 余辆，不仅为大型会议、体育赛事及旅游观光提供专业的车队服务，同时还承接着国家各大部委、企事业单位、国际学校等数百家机构的班车业务。首汽集团旅游车分公司以优质、真诚、实力和品牌成为旅游和商务客运市场的中流砥柱。

（二）新型冠状病毒肺炎疫情期间的主要做法

1. 提高政治站位，彰显国企担当

新型冠状病毒肺炎疫情发生以来，北京首汽（集团）股份有限公司旅游车分公司充分认识到疫情防控工作的重要性和紧迫性，把疫情防控作为当前各项工作的突出任务，严格落实党中央、北京市委、市政府、首旅集团、首汽集团各项工作部署，按照"坚定信心、同舟共济、科学防治、精准施策"的总要求，抓牢控制和阻隔两大关键环节，以更严密周详的措施做好疫情防控各项工作。在疫情防控中积极主动履职，引导各基层党支部和广大党员干部团结一心、群防群治、共克时艰，以钉钉子精神做实做细做好各项工作，以实际行动展现国企担当。

2. 承接境外返京人员疏散转运保障任务

2020年3月初，随着全球疫情扩散和蔓延，"外防输入、内防反弹"已成为北京乃至全国疫情防控工作重点，做好境外返京人员疫情防控工作成为守护国门的第一道防线。按照首都严格进京管理联防联控协调机制工作部署和新国展集散点指挥部的统筹安排，北京首汽（集团）股份有限公司旅游车分公司承接了境外返京人员疏散转运保障任务。首汽集团党委要求旅游车分公司要提高政治站位、高度重视、全力以赴；迅速安排、精心准备、细致入微；加强防护、措施到位、保证安全。为圆满完成上级交办的政治任务，旅游车分公司成立了由党委书记、经理任组长，班子成员任副组长，相关车队队长为组员的国外返京人员交通服务保障任务领导小组，全面负责"抵京疏散"交通服务保障任务各项工作；并抽调组建了30名政治素质过硬、驾驶技能过硬的"双过硬"驾驶员队伍，迅速启动"战时状态"。从2020年3月10日开始至4月2日结束，入境转运任务共配备车辆26部，驾驶员26名，带队干部2名，出车501次，安全转运5388人次，安全行驶20448公里。

3. 各类抗疫交通保障服务成效显著

从2020年3月10日开始，北京首汽（集团）股份有限公司旅游车分公司相继执行北京市文旅局组织的新国展境外人员抵京疏散保障、北京市政府中转疏散保障、省驻京办保障、首都机场和北京西站接送援鄂医疗队回京保障等任务。其中，新国展境外人员抵京疏散保障、市政府中转疏散保障、省驻京办保障任务同时进行；从3月25

日起至 4 月 27 日，接援鄂医疗队返京交通服务保障任务共计 10 次，共出车 101 次，驾驶员 101 人次，带队干部 24 人次，运送医护人员、卫健委工作人员和央视记者 1300 余人次，安全行驶 10600 余公里。北京首汽（集团）股份有限公司旅游车分公司以高质量、高标准、严要求圆满完成了抗疫交通运输保障工作，以新成绩、新作为彰显了国有企业的责任与担当。

案例二　北京北汽出租汽车集团有限责任公司

（一）公司简介及发展历程

北京北汽出租汽车集团有限责任公司（简称北汽集团）是全国最大的旅游客运企业、北京最大的国有出租汽车企业、全国人民代表大会交通服务独家供应商，是"全国两会"交通服务保障任务的主导力量、国事外事出行领域的全国领军企业。北汽集团隶属于北京公共交通控股（集团）有限公司，业务领域涉及出租汽车、旅游客运、汽车租赁、城市观光线网、酒店物业经营、汽车服务贸易、综合教育培训等。截至 2020 年年底，北汽集团总资产 23.39 亿元，职工总数 8000 余人，车辆规模 1 万余辆。

多年来，北汽集团圆满完成了北京奥运会、APEC 北京峰会、"一带一路"国际合作高峰论坛、厦门金砖国家领导人峰会、上合组织青岛峰会、G20 杭州峰会、中非合作论坛北京峰会、中华人民共和国成立 70 周年庆祝活动、全国抗疫表彰大会等 110 余次重大国事、外事交通服务保障任务，并连续 43 年圆满完成"全国两会"交通服务保障任务。

（二）新型冠状病毒肺炎疫情期间的主要做法

1. 强化疫情防控意识，组成专项工作组

自新型冠状病毒肺炎疫情暴发以来，北汽集团以高度的政治责任感和责任心，坚决落实四方责任，成立了疫情防控组、运营保障组、应急安稳组、综合协调组、舆情监控组、监察督导组共 6 个专项工作组，全力做好防疫防控工作。多次召开部署会议，对疫情防控工作进行详细部署，组织指导下属各单位高效、有序地开展疫情防控工作。各级领导多次到基层检查指导新型冠状病毒肺炎疫情防控工作，了解一线防控工作情

况，向奋战在一线的广大干部职工表示慰问。要求各单位提高政治站位，强化大局意识和责任担当，把疫情防控工作作为当前最重要的工作来抓，思想上高度重视，行动上毫不松懈，绝不放松警惕，绝不麻痹大意，坚决落实好上级的部署和要求，全力以赴做好防控工作。

2. 各单位联防联控，建立起及时有效的疫情防控机制和相关预案

在各单位入口设立"检查站"，紧急购置体温测量仪，发放给春节期间值班人员，对进入场站职工和外来人员严格检查，进行体温测量，记录情况，发现异常及时上报。集团机关及所属各单位严格落实24小时在岗带班值班工作，密切调度掌握全公司疫情防控工作动态，及时处置突发情况，确保出现疫情能够迅速反应，进一步完善防控工作机制方案及相关预案，健全工作机制，凝聚起北汽集团众志成城、共克时艰的强大合力。

3. 统筹集团资源，加强防疫物资供应和储备

全力做好口罩、体温检测仪、消毒剂等防控物资供应和储备，加强职工个人防护，截至目前已发放口罩7万余个，消毒液近5000公斤，喷壶近5000个，手套1000余只，以及白大褂、防护服、护目镜、体温仪等各种防疫物资。严格落实运营车辆消毒制度，目前已累计消毒26907车次。春节、国庆及中秋期间调派出租车和北汽共产党员服务车队车辆共计600余辆为北京西站、北京站夜间到达乘客提供出行服务。

4. 在疫情常态化下，圆满完成全国人民代表大会交通保障任务

充分发挥各级党组织的坚强领导作用，动员全体干部职工，凝心聚力，同心同德，坚决打赢这场防疫战。2020年5月下旬，北汽集团圆满完成中华人民共和国第十三届全国人民代表大会第三次会议。整个会议期间，北汽集团承接了全部35个代表团和工作组的全部20个驻地的交通保障任务，这是北汽集团首次全面独立执行全国人民代表大会的交通服务保障任务。会议期间，共计出动大小车辆458辆，其中大客车159辆、旅行车74辆、小客车225辆；上会人员共计525人，其中带队干部67人，驾驶员458人。累计出车5486车次，共运送代表及工作人员46047人次，安全行驶里程274008公里。全体驾驶员全部接受核酸检测并封闭管理，按规定对车辆进行消毒，确保了大会交通服务万无一失。

案例三 上海锦江商旅汽车服务股份有限公司

（一）公司简介及发展历程

上海锦江商旅汽车服务股份有限公司成立于 2001 年 12 月，隶属于锦江国际集团，公司注册资本 7000 万元，总资产 4 亿元人民币。上海锦江商旅汽车服务股份有限公司专业从事大客车出租服务，涉外旅游客运，跨省市长途客运，汽车修理等。公司拥有尼奥普兰、丰田考斯特、宇通、金龙等各类中、高档大客车 1000 多辆，客位数 4 万余，职工 1300 余人。上海锦江商旅汽车服务股份有限公司是中国旅游车船协会注册单位，是全国文明交通示范单位。企业先后获得道路旅客运输一级企业、企业信用 AAA 级、安全标准化建设二级达标、全国文明交通示范单位、全国道路客运行业节能减排达标竞赛先进企业等荣誉，连续九届获得上海市文明单位，2018 年度获得上海市五一劳动奖状，是上海市首个获得交通安全资信五星级客运企业。

（二）新型冠状病毒肺炎疫情期间的主要做法

在 2020 年年初开始的防疫防控工作中，上海锦江商旅汽车服务股份有限公司为了防止新型冠状病毒通过交通工具传播和扩散，坚持做到对车辆的全面消毒；承担了医护人员和医疗物资的送机任务；承担起上海近 1700 名援鄂医疗队员返沪后的交通保障任务；按时分批接送参与抗疫民警们往返于虹桥枢纽站和指定住宿点之间；承接了第一批返沪的务工人员用车，顺利完成上海市首批"点到点"省际包车任务。

1. 加强有效管理，严防严控不懈怠

为了防止新型冠状病毒通过交通工具传播和扩散，保障司乘人员生命健康安全，公司加强车辆的有效管理。自防疫防控工作开始后，上海锦江商旅汽车服务股份有限公司迅速制订了《车辆清洗消毒操作技术指南》，就车辆内外部消毒、换气通风、个人防护等方面做了要求和规范。在防护、消毒用品物资紧张的情况下，多渠道联系，采购紧俏防疫物资多批，保障给驾驶员的使用；对每辆营运车辆完成每天的三次车厢内全面消毒工作，对停运车辆完成每天一次的全面消毒工作，确保驾驶员"人无口罩不上岗，车不消毒不出车"。在积极防治疫情的同时，加强驾驶员行车安全宣传教育，提

高驾驶员防范疫情意识，加强自我保护，确保人员健康，行车安全。

2. 为援鄂医疗队员提供高规格交通运输服务

自疫情发生后，全国各地的医护人员纷纷赴鄂支援，上海各大医院的医护人员亦陆续启程。上海锦江商旅汽车服务股份有限公司先后接到瑞金医院北院、仁济医院等医院的医护人员的送机任务。2020年3月11日晚，随着疫情的缓解，上海锦江商旅汽车服务股份有限公司承担起上海近1700名援鄂医疗队员返沪航班抵达后的交通保障任务。上海锦江商旅汽车服务股份有限公司党委召开专题会议布置落实相关工作，强调一定要慎终如始，不能有丝毫麻痹大意。各部门切实落实工作预案，完善物资准备，第一时间安排管理人员现场踩点、熟悉线路和周边情况。公司精挑细选综合素质过硬的驾驶员分批参加专题培训，并于会后集中组织踩线，驾驶员们发扬锦江精神，以最高标准、最严措施、最优服务礼遇归来的抗疫英雄。在具体工作环节，公司采取了深入细致的工作流程：（1）完成整车深度清洁和消毒工作后随时待命；（2）准备各类防疫物资并打包备用；（3）迅速制作欢迎语音和舒缓音乐录入车载SD卡；（4）寻找广告公司紧急制作欢迎横幅，完成所有接待用车的横幅张贴工作；（5）参与任务的驾驶员和管理人员穿上防护服和其他防护装备，以最好的精神面貌完成了高规格交通运输任务。

3. 为抗疫公安干警提供用车保障

春节过后，随着上海返程高峰的到来，疫情防控面对防输入、防扩散的双重压力。整合了除水运之外几乎所有交通方式的虹桥枢纽站无疑成了这次"防输入战役"的最大的主战场。从2020年2月3日起，上海市闵行公安分局的干警们在虹桥枢纽站多个检测点24小时工作。上海锦江商旅汽车服务股份有限公司安排了六辆车每天按时分批接送这些民警们往返于虹桥枢纽站和指定住宿点之间，全天候待命随时出车，每天都和民警们一样住在指定住宿点。每次出车前、回场后，驾驶员们都按标准对车辆进行整车消毒。汇聚点滴之力，为上海抗疫做出贡献。

4. 为市外办、区政府部门提供用车保障，共同守好上海这扇"门"

2020年3月初，商旅公司接到市外办、黄浦区民政局发来的两大机场相关工作人员及旅客转场安置工作的用车任务。公司立即按要求落实3辆大巴及6名驾驶员随时待命，在对任务驾驶员进行思想再教育的同时，更是耐心指导驾驶员如何做好自我防护并有效纾解他们的紧张情绪。任务期间，他们严格按照防疫要求"全副武装"，全程佩戴口罩、手套、护目镜、防护服等防护用品，24 小时轮班驻守在第一线，此项任务已持续了近一年的时间，并还将继续，为筑牢上海城市安全的"闭环"提供可靠的交通保障服务。

5. 助力复工复产，完成全市第一个"点到点"包车业务

为统筹做好春节后错峰返程疫情防控和交通运输保障工作，满足企业复工需求，根据交通运输部等国家相关部门要求，上海市道路运输管理局于 2020 年 2 月 19 日发布了《关于本市省际包车客运做好复工复产运输保障工作的通知》，根据通知精神，自 2020 年 2 月 20 日起，在确保返沪员工身体健康可控条件下，企业可采取省际包车方式组织员工返沪。2020 年 2 月 19 日晚上，上海锦江商旅汽车服务股份有限公司接到中国建筑第八工程局提出的前往安徽铜陵接员工返沪复工的要求，在详细了解了第八工程局在防疫防控上的各项具体措施以及必须具备的各项复工证明后，上海锦江商旅汽车服务股份有限公司根据相关通知精神，立即与上海市道路运输管理局联系，提出承接此项用车业务的申请。当时，新型冠状病毒感染肺炎疫情形势依然严峻，上海锦江商旅汽车服务股份有限公司选派经验丰富、身体健康的驾驶员，准备了充足的一次性口罩和手套；安排合适的车辆，对车辆进行了更加全面彻底的消毒，严格检查了车辆情况和随车配备的防疫消毒工具，确保驾驶员能做好自身防护和车上乘客的身体健康。在整个准备和运营过程中，公司严格按照相关通知中的防疫要求执行，同时公司也将对车辆进行全程实时动态监控，确保安全。2020 年 2 月 21 日下午，上海锦江商旅汽车服务股份有限公司两辆大巴载着自安徽铜陵返沪的务工人员驶入浦东一在建工程工地停车点，成为上海市首批完成"点到点"省际包车的企业。同时，商旅公司的第二个"点到点"省际包车业务发车前往山东枣庄。这些工作对之后疫情常态化防控下的企业复工复产的有效恢复，做了有益的探索。此后，上海锦江商旅汽车服务股份有限公司在做好各项防疫工作的同时，为更多的企业务工人员返沪提供了优质、安全的服务，为各行各业的复工复产助力。

案例四　江苏外事旅游汽车有限公司

（一）公司简介及发展历程

江苏外事旅游汽车有限公司成立于 1990 年，业务范围涵盖政府接待、旅游客运、

出租汽车、租赁、维修等，现隶属于南京金陵饭店集团，是江苏省内最早且规模最大的从事政府接待和涉外旅游交通服务的专业公司，是省市政府重要接待、重大会议、大型活动交通保障的主要服务商。公司始建于 1950 年，曾先后接待过历届来宁的党和国家领导人及外国元首政要，在履行政治任务的同时主动面向市场服务大众，树立了国有企业良好的社会形象，有"江苏的国宾车队"的美誉。下属企业包括旅游客运公司、汽车出租公司、汽车租赁公司、机关接待车队等。

（二）新型冠状病毒肺炎疫情期间的主要做法

2020 年对于旅游行业来说，是充满严峻挑战的一年。年初，一场突如其来的疫情，打破了传统节日的祥和氛围，也打破了生产经营的正常节奏。基于政府疫情防控要求，机关会务、旅游客运、市际包车、厂矿班车等道路客运几乎全面停摆。江苏省外事旅游汽车有限公司严格按照省国资委、集团党委的统一要求和部署，全面动员、全面部署、全面加强疫情防控工作。

1. 彰显国企担当，贯彻疫情防控的决策部署

疫情期间，公司始终把疫情防控工作作为最重要的工作，严格按照江苏省国资委、集团党委的部署要求，坚定不移把决策部署落实、落细、落到地，将疫情防控、安全生产和复产复工同部署同检查同落实。在集团内部，贯彻防疫和安全生产工作安排，通过视频会议部署落实安全防疫和经营管理工作。内防扩散，外防输入，多方筹集防疫物资，做好广泛宣传发动；做好人员动态轨迹排查和重点居家隔离人员定期信息采集；经营车辆、办公场所和所辖公共场地严格执行每日消毒制；对外租人员复杂的 204 和 146 两处进行严格的封闭整治管理。加强联防联控，认真履行防疫主体责任。面对疫情持续蔓延的严峻态势，广大党员干部身先士卒，主动请缨，积极要求值班值守，积极参与到社区网格化联防联控。努力开拓市内班车业务，拓展新增苏美达等高端客户群；利用防控期间居家办公的空闲时间督导安排员工参加集团和公司相关知识培训和考试，强化队伍建设和思想建设。各项生产经营工作有条不紊，安全有序。

2. 成立爱心车队，护送滞留旅客和运送物资

面对疫情，公司全面动员、全面部署，完成了护送滞留旅客回鄂、运送驰援武汉物资、护送医疗队驰援武汉等多项任务。特别是作为子公司的江苏外汽机关接待车队

有限公司在疫情防控期间，组建了以党员、积极分子为核心的爱心车队，积极投身到护送滞留旅客回鄂、驰援武汉运送物资（至核心区域）、江苏省政府驻湖北疫情防控指挥部保障任务、保障江苏省卫建委防疫检查用车、护送医疗队驰援武汉、助力宁企复工，接载外地员工返宁复工、往返昆山接驳境外疫区归宁人员等任务中，共执行车辆保障任务 170 台次，护送滞宁返鄂旅客 3 批次，800 多人（大年三十至二月二十六日）；护送医疗队 3 批次，400 多人；赴昆山接驳回国的留学生 2000 余人；为省卫健委工作提供交通防控车辆保障 56 台次、省卫生监督所提供防疫检查用车 143 台次，以强大的专业运力，保证了疫情期间人员和物资的运送任务。

3. 汇集爱心，为防疫工作募集善款

在疫情期间，江苏外事旅游汽车有限公司党委向公司全体党员、干部、入党积极分子、团员青年发出倡议信，号召各基层党组织、党员、干部向重点疫区人民和抗击病毒疫情第一线奉献一颗爱心，贡献一份力量。全体党员、干部、入党积极分子、团员青年以支部为单位，积极响应，踊跃参与，共募集爱心善款 26300 元，用于支持抗击疫情公益慈善事业。

4. 积极开展自救，助力企业复工复产

2020 年 2 月 13 日，南京市新型冠状病毒肺炎联防联控工作指挥部交通管控组发布了《关于复工返岗人员包车运输的通告》，经批准复工的企业可办理返岗人员集中包车运输。随着企业陆续开始复工复产，疫情防控到了更关键阶段。公司在开展自救的同时助力其他企业复工复产。

疫情对客运市场的影响和冲击是巨大和深远的，江苏外事旅游汽车有限公司在充分认识疫情防控对企业经营带来的短期影响和长期影响的基础上，积极谋划，努力化解风险，在保证质量和安全的前提下，结合疫情防控要求，统筹安排本单位职工复工复产的时间节点，调整经营方向，瞄准着力点，精准发力，积极开展生产自救。例如，江苏外汽机关接待车队为扩大外汽车辆在省级机关公务用车平台的保供范围和使用效率，保障平台之外其他业务用车的需求，积极探索新型车辆合作方式，尝试引入潜在合作车辆加入平台实施用车保供。同时，借鉴金陵饭店集团"春雨计划"，公司积极和集团"金陵商城"平台及"舜天商城平台"对接，将公司的主营业务做成产品，加入两个平台的销售中，借助商超平台更好地推广和营销公司主营产品。对外，为保障企

业复工返岗乘车需求，公司根据市场需求推进企事业单位定制专线通勤等服务，专业保障企业复工复产。既严查内部员工是否有外出史，也严防外地回流业务中的输入性隐患，特别是到重点疫区，高危区的业务。即使业务来源不是高危区，也严格各项手续管理，加强对员工，驾驶员的安全、疫情防控教育，安全助力企业复工复产。

公司在疫情期间的表现，获得了江苏省卫健委、南京市外办、南京市交管局等多家单位的表彰以及南京市省旅游协会颁发的"旅游行业抗疫优秀群体"荣誉称号，相关事迹分别被人民网、人民论坛、《国企》杂志社官网、中国旅游车船协会、中国旅游报等多家媒体报道转载。

案例五　云南旅游汽车有限公司

（一）公司简介及发展历程

云南旅游汽车有限公司是云南世博旅游控股集团有限公司所属的云南旅游股份公司的全资旅游交通企业，专业从事云南省的外事、旅游、大型活动客运接待任务等。从 1978 年成立至今，公司拥有旅游客运车辆、城市出租车、租赁车、班线客运车、教练车等供给 1234 辆。业务范围主要包括旅游客运、城市出租、机动车培训、汽车零配件、国内外旅游包车客运、汽车租赁、维修等多个领域。公司拥有 5 个全资公司、5 个控股公司、1 个参股公司及 3 个分公司。西双版纳吉迈斯旅游汽车有限公司（以下简称"吉迈斯公司"）是云南世博旅游控股集团有限公司所属的云南旅游汽车有限公司在西双版纳设立的控股子公司，其隶属的云南世博旅游控股集团有限公司为央企华侨城集团控股、云南省国资委参股企业，主要从事运营旅游车、租赁车和出租车业务。

（二）新型冠状病毒肺炎疫情期间的主要做法

2020 年 1 月，突如其来的疫情成为全国关注的焦点，云南旅游汽车有限公司积极响应国家及上级单位的安排号召，对所属分、子公司进行了现场调研及"防疫防控"工作部署，组织成立防疫防控工作领导小组、党员先锋队，助力新冠防疫战。公司建立应急预案，严格把关，持续对 5~53 座车辆进行全面防疫保洁；开展 7×24 小时省级公务应急车辆保障服务；先后完成 2020 年 1 月 20 日习近平总书记昆明视察的车辆专项保障服务、16个州市防疫督查交通保障、昆明市中医院医护人员通勤车保障工作、云南省援鄂抗疫地面交通保障服务等重要任务。共计为80余家政府、事业单位出车300余车次，充分发挥了省级公务用车服务保障功能。同时，作为子公司的西双版纳吉迈斯公司也在抗击疫情中做出了突出的贡献。

1. 突出国企专业性，以精细化管理实施疫情防控

在疫情危急时刻，云南旅游汽车有限公司组建了防疫防控工作领导小组、党员先锋队。探索弹性工作制、分餐独餐制，建立应急预案，要求公司员工加强个人防护。做好政府公务服务、应急保障服务、企事业单位的租包车服务，充分发挥作为省级公务用车服务保障中心的保障功能，迅速调整业务结构，做精做细公务车和租包车业务，以保证政府、事业单位、机关单位能够协同抗疫、并肩作战。防疫期间严把三道关：车辆保养消毒关；人员体温检测、佩戴口罩关；安全行驶和安全食宿关。疫情期间，公司以多种多样的方式表达了对员工、合作单位、医疗机构、政府单位、事业单位的关切和关爱。对合作单位进行电话回访，得知合作方各项困难后，主动对部分合作单位实行"租金减免""延长合作期限"等一系列温暖人心的政策；公司营销人员特别对奋战在防疫一线的医疗机构客户进行关怀式的沟通慰问，充分了解一线防疫单位诉求，得到了客户的认可与信任；公司还与省政府车队、云南安行汽车服务有限公司等单位进行了防疫物资的互捐互助、共同抗疫。

吉迈斯公司维护保障部作为车辆的维护保障后勤，在疫情期间不断加强对停运车辆卫星定位动态监控、日常巡视外，还定期对车辆进行静止着车发动10分钟，确保车辆发动机油路、冷却液路、气路、电路运转循环，移动车辆位置，变换轮胎受力面，使车辆技术状况始终保持良好状态。对参与抗疫应急车队的车辆，随车配发消毒液、消毒剂等，增加运输过程中的消毒频次，做到每任务每车次必须全面消毒，切实保障驾驶员、乘客健康和生命安全。由于公司维保部坐落在景洪市曼贺蚌傣族寨子，维保部还联合村民做好疫情防控工作，联合在村子周围进行消毒防控。

2. 彰显国企责任担当，做好疫情期间援鄂医疗队等交通保障工作

疫情期间，2020年2月10日，昆明市儿童医院在接到昆明市援鄂抗疫医疗队出征通知后，联系到云南旅游汽车有限公司，公司连夜对车辆进行二次安全检查及防疫消杀工作，安全、准时、高效地将昆明市儿童医院援助湖北医疗队的"最美逆行者"们送至昆明长水机场。在疫情局势好转后，2020年3月17日，全国各地医疗队逐步返程。云南旅游汽车有限公司积极请命，对相关车辆进行全面的安全检查及防疫消杀工作，制订用车保障方案，对保障流程进行专项部署，并在次日顺利将驰援湖北后首批返滇医护人员从昆明长水机场送往市区。2020年3月18日至4月1日，云南旅游汽车有限公司累计出车30余车次，圆满完成全部1158位援鄂抗疫英雄接运任务。2020年4月22日，云南旅游汽车有限公司又完成了中国援缅抗疫医疗专家组回昆的接运任务。非常时期担起国企担当、体现出社会责任感，公司得到了昆明市公安局、云南省卫生健康委员会、省政治协商会领导的高度认可与评价。

吉迈斯公司积极配合西双版纳党委政府，2020年2月2日接到当地政府通知，吉迈斯公司新启动运营5辆商务车和皮卡车，在做好驾驶人员防护的基础上，运送外省来西双版纳的人员到指定集中酒店，以及政府抗疫物资的运送。截至2020年9月30日，运送湖北籍和其他滞留外省籍客人观察隔离出车646车次，运送人员1606人；皮卡车运送防疫物资出车达到42车次，总计出车688车次。2020年2月22日，应西双版纳州人民政府外事办公室的要求，吉迈斯公司调派车辆和驾驶员开车400公里，前往西双版纳州磨憨口岸，完成了接送从老挝回来的两名中国公民到景洪机场的任务。

在疫情防控的各项工作中，公司涌现出多位具有责任担当的驾驶员和工作人员。大家克服了种种困难，起早贪黑，24小时待命。在疫情期间充分展示出了国企的担当、社会责任感、模范性和专业性；也体现出公司管理专业、高效的特点。

案例六　青岛旅游汽车有限公司

（一）公司简介及发展历程

青岛旅游汽车有限公司成立于1985年4月，是青岛市最早经营旅游客车服务业务的专业公司，也是青岛市第一家引进国外豪华旅游客车的公司。现主要经营班车客运和包车客运业务，是青岛市旅游客运行业的骨干企业。多年来，公司始终以"安全领航　和谐生活"为愿景，以"驾安全车，行安全路，做安全人"为使命，以"10000-1=0"为安全价值观，在安全生产的基础上不断提升服务水平、发展公司规模，塑造了良好的社会形象。

（二）新型冠状病毒肺炎疫情期间的主要做法

面对突如其来的新型冠状病毒肺炎疫情，青岛旅游汽车有限公司作为青岛市旅游客运行业的骨干企业，紧急启动防疫情应急预案，迅速开展疫情防控；预判复工复产形势，提前做好复工准备；鼎力相助复工复产，出色地完成了抗击疫情和助力复工复产任务。疫情高峰过后，公司全体从业人员按照公司"科学防控，积极配合，快速行动，实时监测"的防控工作方针，做好疫情常态化防控工作。

1. 紧急启动防疫情应急预案

2020年1月25日，公司领导根据国家有关部门发布的疫情信息进行预判疫情形势，并迅速主要管理人员提出返回青岛、原地待命的要求。1月26日，公司主要管理人员和安全员全部集结，通过网络会议就抗击疫情做出研究和部署，制定了应急预案和工作方案，对所有车辆逐一进行排查摸底，除抗击疫情需要的保障用车外，其他车辆全部叫停。公司与所有从业人员取得联系，发布青岛市疫情病例，排除与疫情患者的密切接触可能，确保人员防范安全。1月28日，为尽量降低车辆经营损失，公司积极协调保险公司，对封停车辆的保险期限予以冻结，待疫情过后再予启封。经过紧锣密鼓地核查核实，全部车辆予以办结。公司根据行业部门的管理要求，在车辆停运的情况下，不放松对所有车辆的动态视频监控，每日进行车辆动态报表和疫情报表，严格履行了安全主体责任。

2. 全面助力复工复产

根据国家和省市疫情防控指导意见，为了助力企业复工复产，公司从制度、物资、车辆、人员等方面进行了全面准备。（1）公司提出了复工复产坚持做好"六个必须""五个到位""四个坚持"，组织制定了《新型冠状病毒肺炎防控知识手册》、《复工复产肺炎疫情防疫方案》、《复工安全隐患排查表》、《车辆及办公区域消毒杀菌管理制度》，建立了职工复工专项档案，为控制疫情做好了制度上保证和思想上的动员。（2）在防疫物资短时紧缺的情况下，公司先后通过各种渠道采购配备防护口罩520件、稀释的84消毒液1000升、75%的医用酒精14000毫升、红外体温测量仪6部，为复工后的防控工作提供了物质保障。（3）对车辆逐一摸排，优先选择安全技术状况良好的客车投入运营，严格落实企业安全生产主体责任，充分运用客运车辆卫星定位监控系统，规范经营行为。严格落实《公共交通工具消毒操作技术指南》，参照《客运场站及交通运输工具卫生防护指南》的要求，确保各项防疫监测设施设备到位，切实做好交通运输工具的消毒、通风、卫生清洁以及一线人员防护。（4）与用工企业和单位协作，严格落实凭健康证、身份证实名登记乘车规定，做好乘客出行前体温检测登记工作，防止乘客带病出行。督导乘客在乘车时佩戴口罩，并通过控制50%以下的上座率引导乘客保持一定距离，坚决做到隔位或分散就座。所有车辆运营时在车厢后部预留必要区域或座位供途中留观使用。（5）对所有参与运营的从业人员进行了防控知识培训，提升疫情防控和应急处置能力。为加强途中疫情防控，还配备乘务人员随车服务，认真做好乘客信息登记，并做好可能出现的发热等症状进行处置。

疫情期间，不间断为青岛北墅监狱提供通勤班车服务，2020年2月10日开始为部分外资企业恢复通勤班车。自2020年2月17日至3月26日，青岛旅游汽车有限公司先后组织车辆奔赴黑龙江、吉林、辽宁、河北、河南、安徽、四川、江苏、甘肃、内蒙古、山西等10个省以及本省7个地市接回复工人员1767人，为助力复工复产发挥了积极作用。

3. 把疫情防控纳入常态化管理

随着客运市场的逐步放开，公司严格落实"抓运营必须首先抓防控，抓安全必须首先抓防控"的要求，将疫情防控纳入常态化管理之中。根据国务院和省、市疫情防控指挥部的部署，认真贯彻落实青岛市疫情防控三十五条措施，并重点做好以下主要管理：（1）全面落实测温查码，要求营运车辆对所有出行人、消费者、旅游者全面落实体温检测、健康通行码查验。发现发热或者有可疑症状乘客应在应急区域进行暂时隔离，按照相关工作规范进行处置。（2）做好司乘人员健康管理，严格落实工作人员和司机每日健康检测制度，上岗前和下班后分别开展体温检测，身体不适的应及时就诊。（3）落实车辆防护措施，加强车辆通风换气，车辆每次出行载客前应对车厢进行清洁消毒，座椅套等纺织物应保持清洁，及时进行洗涤和消毒处理。（4）加强节日期间应急值守，抓紧抓实抓细各项防控工作，确保假期疫情平稳。（5）严格落实疫情信息日报告、零报告制度，并按要求做好网络直报工作。（6）加强疫情防控知识宣传，通过多种方式发布疫情防控温馨提示，引导乘客游客做好个人防护，按场景佩戴口罩、勤洗手、勤通风，随时做好手卫生，保持良好卫生习惯。（7）持续做好营运车辆、经营场所、办公场所的消毒杀菌工作，严格落实消杀制度，完善各种记录台账。

当前，公司正在按照"科学防控，积极配合，快速行动，适时监测"的防控工作方针，做好疫情常态化防控工作。

案例七　广东中旅交通发展有限公司

（一）公司简介及发展历程

广东中旅交通发展有限公司（简称"中旅交通"），前身为成立于1956年的广东省中国旅行社交通科，1984年成为法人企业。2003年变更为非法人单位广东省中国旅行社股份有限公司汽车服务分公司，2020年1月转为法人企业。中旅交通是华南地区综合实力较强、知名度较高和颇具竞争力的包车客运企业之一。拥有国家道路运输二级企业资质。公司主要经营包车客运、汽车租赁等业务。六十多年来，公司一直担负着广东省、广州市各类大型会议、体育赛事、外事活动的交通保障任务，得到政府部门和社会各界的充分肯定。近年来，公司通过倾力打造"礼宾一号"服务标准，发掘品牌价值，提升竞争优势，在公务出行、会展保障、旅游交通、政企通勤等细分市场赢得了先机。

（二）新型冠状病毒肺炎疫情期间的主要做法

在极不平凡的2020年，受新型冠状病毒肺炎疫情的严重影响，交通客运企业经营极其艰难。中旅交通以"控风险，稳基础，保平安"为工作主线，一手抓疫情防控、一手抓复工复产，顺利实现安全稳定、经营转正目标，并在履行社会责任、外塑形象内强素质方面取得了较好成效。主要做法如下：

1. 先知先觉，危中寻机，在政府疫情防控应急保障用车服务方面发力，有效支撑了企业的良性经营

全民抗疫"一号令"发布后，公司坚持"联防联控，使命必达"的承诺，迅速组建了抗疫应急用车车队，先后推出"24小时疫情政府应急用车热线""政企点对点通勤包车""省外返粤员工定制专车"等服务和产品。自2020年1月21日以来，公司应急保障团队和一线驾驶员、调度员通力协作，锲而不舍地为防疫一线人员提供交通保障，为广州市内各区隔离人员及白云机场入境旅客隔离转运提供24小时转运的交通服务，圆满完成政府部门安排的各项用车任务，先后为省委宣传部、公安厅、卫健委等政府部门和电力、自来水、航空等公共事业单位提供应急保障用车服务，共计出车15933台次，创收近2000万元，为外防输入、守护广东、守护广州做出广东中旅人应有的企业担当。不仅填补了旅游包车业务停摆的损失，还由此与多家政府机构和企事业单位建立了长期合作关系，固定业务同比升幅较大，并自5月开始，属下四个分公司全部实现扭亏，全年营业收入达成同比9成以上，年底实现净利润由负转正。

2. 疫情期间"礼宾一号"安全优质保障政务活动，国企政治优势成功转化为市场优势

公司"礼宾一号"政务保障车队自2017年5月组建，是中旅交通推进转型升级、创新求变行动中，坚持党建引领，切实履行省属国企政治责任和社会责任、致力于为政府和企事业单位提供定制化高品质的公务出行和重要活动交通保障服务。"礼宾一号"推出后，以靓丽的形象、专业的运营、过硬的服务赢得了合作单位与社会的一致肯定。

车队继2020年1月再次圆满完成省两会交通保障任务后，6月份首次独家承接了广州市两会提供交通保障服务项目、第三次承担全国人民代表乘机赴京任务。同时，在护送医务和特勤人员援驰武汉和荆州、承担广州"外防输入"——入境人员交通转运服务等工作中，政治过硬、作风过硬、安全过硬、技能过硬、服务过硬的表现得到了广东省国资委等管理部门的肯定。同时，经营不停顿、业务不停摆使员工就业和收入稳定得到有力保障。无论是疫情暴发初期还是常态化疫情防控阶段，公司始终坚持停工不断薪、待工不裁员，切实履行稳岗就业保民生的社会责任。

案例八　浙江中大元通商务旅游汽车有限公司

（一）公司简介及发展历程

浙江中大元通商务旅游汽车有限公司，成立于2016年，注册资本5000万元，是物产中大集团股份有限公司旗下成员企业，是浙江物产融资租赁有限公司控股的具有客运资质的独立法人公司。公司现有管理与服务团队为原保障服务 G20 杭州峰会的精英团队，持有各类各档次大巴车、中巴车、商务车及各类小车 300 余台，可独立、高水准承担各项出行服务。在政务、公务和商务、旅游用车，通勤班车以及个性包车等业务方面进行多元化经营，是浙江省、杭州市政府公务用车入围企业、浙江省省属国有企行指定出行平台、浙江大学三大院校培训项目用车唯一指定单位。

（二）新型冠状病毒肺炎疫情期间的主要做法

新型冠状肺炎疫情期间，公司根据行业管理部门要求，认真做好企业复工复产，安全风险防控工作，落实公司"两手都要硬、两战都要赢"的部署，具体做法如下：

1. 成立工作领导小组，分工布置各项工作

疫情防控期间，各部门强化"党政同责、一岗双责、齐抓共管、失职追责"的意识，分级管理，层层负责。严格落实国务院应对新型冠状病毒肺炎疫情联防联控机制印发的《公共交通工具消毒操作技术指南》要求，做好公司车辆、办公区域等部位的消毒工作。公司成立以董事长为组长，总经理、副总经理为副组长的疫情防控工作小组，成员由公司各职能部门负责人组成。主要负责公司疫情防控各项工作的安排布置和落实，解决疫情防控中出现的各种重大问题和特殊情况，并迅速向上级主管部门和集团公司汇报。各主要领导分片负责疫情防控工作，董事长为总指挥，总经理负责协调安全、机务、运营和疫情防控期间的运力保障，副总经理负责疫情防控期间后勤保障和消防安全等工作。工作小组负责疫情防控期间及时了解和跟踪车辆动态、消毒器材消耗、车辆消毒及员工健康、返杭、隔离、待岗、值班、复工等各类情况，发现有关疫情的异常情况必须立即向分管组长报告。

2. 做好人员网格管理，落实疫区人员责任制

疫情防控期间，实行安全生产情况"一日一报"，领导小组安排专人负责信息报送工作，集团公司统一由办公室负责报送，行业主管部门统一由安机部负责对外报送。2020 年 2 月 1 日开始登记上报每一位员工的基本动态及身体健康情况，自 2 月 10 日起网格管理，由 17 位网格管理员分组管理公司 223 位员工和司机，做到每日联系关爱，重点关注疫区人员的健康状态，尤其是健康码为黄码和红码的员工情况。

3.配齐安全防护用品，加强车辆消毒工作

（1）各部门落实安全防疫职责，充分备好安全防护用品。营销部负责掌握疫情期间客户复工情况，了解业务变化，做好任务风险评估，在确保安全的前提下开展疫情期间的紧急出行业务，根据"乘客防护指南"做好乘客疫情防护知识的宣贯和指导工作。严格按行业管理要求做好乘客实名登记和蓝水系统任务录入工作。安机部负责防疫物资的储存，严格按说明书要求配置、添补消毒药水，对一线驾驶员按需发放，回收消毒工具，并做好记录。实时掌控防疫物资消耗状况，库存不足应及时向工作小组汇报。负责疫情期间车辆动态监管，及时上报行业主管部门，积极配合乘用车事业部落实进出科园路停车场人员的体温检测。运营部负责防护物资（口罩、手套等）对一线驾驶员的按需发放及车辆消毒工作的指导和实施，并认真做好记录，同时提醒驾驶员做好自身防护。如遇双休日由车库值班人员管理。办公室负责根据实际需求购置额温枪、口罩、消毒液、手套、喷洒壶等防疫物资。督促落实办公区域的消毒工作，确保办公场所的干净、安全，保障办公人员的人身健康。（2）规范驾驶员车辆消毒流程。营运车辆的消毒。保证车厢内整洁卫生，并采取预防性消毒措施；车辆任务运行结束回场后，对车辆内部物体表面（如车身内壁、司机方向盘、车内扶手、桌椅等）采用含有效氯250~500米 g/L 的含氯消毒剂进行喷洒或擦拭。对临租及 T3 网约车等车辆的消毒。要求每天早、晚两次对车辆内部物体表面（如车身内壁、司机方向盘、车内扶手、座椅等）、车外门把手进行消毒，在车内显著位置张贴"已消毒"标识。每趟次行程结束后，必须通风一次。对车辆空调滤网、通风口、天窗等定期消毒，确保无异味。设立大客车应急区域，车辆后部三排作为隔离区域。

4."五个到位"保障企业科学有序复工

（1）防控体系落实到位。成立疫情防控工作组，由董事长担任工作组总指挥，总经理和副总经理为副组长，各职能部门负责人任组员。落实专门的疫情防控管控人员和工作班子，各项职责分配到人，实现网格化管理。（2）企业职工排查到位。建立返岗人员登记制度，对返回人员登记到人，详细记录职工身体状况、假期外出情况、与重点疫区人员接触情况等信息。对于湖北、温州及台州等重点疫区职工，重点跟踪，联系到人，要求暂不返回杭州。对提前返回人员，要求实施14天的居家观察，由专人负责跟踪居家观察情况，并及时报告。（3）防控物资准备（分发）到位。在属地防控

主管部门指导下，配备防护口罩、消毒液、红外测温仪等疫情防控用品。向职工及时发放防控物资，口罩每人每天 2 只，在各场所配备洗手液。防控物资由办公室负责统计、分发和购买，视疫情情况，及时补充相应物资，确保有足够的防控物品，以备企业经营生产和职工健康防护使用。（4）防控措施执行到位。严格落实体温监测工作，所有到岗职工每天体温检测早晚两次。所有发现体温高于 37.3℃的人员，谢绝进入停车场和办公大楼区，并通知部门负责人及时上报总指挥，同时报当地防疫指挥部。做好停车场、办公室和车辆等工作场所的通风、消毒和卫生管理，空调温度提高，场所定期消毒。办公大楼由于人员密集，作为重点区域管控，需制定更加详尽、完备的防控措施。疫情防控期间，会议通过视频和电话会议，减少人与人之间的接触。加强疫情宣传力度，及时传达政府和公司相关政策、措施，不信谣、不传谣。（5）异常情况报告到位。对到岗人员信息表、居家观察人员表和重点疫区人员跟踪表，做到每日确认每日更新，及时上报给公司及政府相关部门。对职工出现发热、咳嗽等疑似症状的，按相关规定第一时间隔离，并报当地防疫工作指挥部。根据防控应急预案，实施分级防控策略。各部门发现异常情况，应第一时间向公司疫情防控领导小组报告，由疫情防控领导小组根据情况类别按规定及时采取最高可停工停产的预案措施。加强动态管理，加强对车辆 GPS 的监控，做好杜绝疲劳驾驶、超速驾驶等违规行为的纠正工作。

5. 抢抓机遇，化危为机，完成车辆运营工作。

（1）护送医疗队至机场驰援武汉。公司先后 2 次调度 24 辆大巴车，护送 720 人医务人员前往武汉抗疫一线。获得大量的主流媒体新闻报道，提升了商旅品牌好感度，树立了国企勇担社会责任的优质形象。（2）推出复工企业员工包车服务。多次前往江苏、河南、四川、湖南、安徽等地，组织司机 100 人次、安排 45 个班次、累计行驶 8 万公里，接送外来务工人员近千人返岗，解决务工人员返工难问题，助力企业复工复产。（3）输送一线防疫物资。2020 年 2 月 22 日，受杭州市公安局特警支队委托，商旅紧急调度 1 台大巴车配备双班司机，载满一线防疫物资前往武汉，全程耗时 12 小时，一路行驶近 800 公里，抵达疫情重灾区，将满车物资亲手送到武汉人民手中。（4）疫情防控专班接机任务。随着国内疫情缓解，国际疫情的不断暴发，中大元通商旅履行社会责任，总经理亲自带队，充分做好车辆清洁消毒工作及司机个人防护措施，前往萧山机场承接国际入杭航班的乘客核酸检测接驳任务。迄今为止已发送疫情防控专班

1350 车次，安全接驳入杭国际友人参加核酸检测达 19000 人次，为严防疫情输入尽一份力量。

案例九　石家庄新干线旅游集团有限公司

（一）公司简介及发展历程

石家庄新干线旅游集团有限公司是专业从事班线客运、旅游包车客运、城市公交、网约车、汽车租赁、客车维修以及其他道路客运延伸服务的综合道路运输企业。现有员工 800 余人，固定资产超过 3 亿元，大小运营车辆 1000 余部，拥有石家庄新干线客运有限公司、河北润络科技有限公司（哈喽优行网约车平台）、石家庄新干线汽车租赁服务有限公司、张家口文旅新干线交通运输有限公司、晋州市新干线公交客运有限公司、石家庄新干线客运有限公司晋州分公司、晋州市新干线旅游集散中心等多家经营单位。业务范围涵盖班线（定制）客运、网约车、企业通勤班车、旅游包车、城市公交、旅行社、汽车租赁、客车维修等多种业务。公司先后荣获"全国旅游客运行业抗击新型冠状病毒肺炎疫情先进集体""道路运输行业抗击新型冠状病毒肺炎疫情先进集体"等。

（二）新型冠状病毒肺炎疫情期间的主要做法

2020 年疫情暴发之初，集团和旗下网约车平台"哈喽优行"积极响应号召，第一时间成立疫情防控领导小组，连夜调配车辆、协调多方社会资源，先后组织了河北省援鄂医疗保障车队、免费开通医护人员通勤"医护专车"、率先发出首辆"定制复工复产直通车"、在石家庄市内建立了 282 个乘客"健康测温点"，积极承担境外回国人员机场转运任务。

1. 无偿护送"援鄂医疗队"

2020 年大年初一，石家庄新干线旅游集团有限公司接到为援鄂医疗队出征提供运输保障的任务，集团半小时内有 20 名驾驶员写下请战书，成立援鄂医疗队保障用车车队。从大年初二保障首批援鄂医疗队 150 名队员转运任务开始，石家庄新干线旅游集团有限公司随后连续五批援鄂医疗队出征，直到 2020 年 3 月 31 日河北省最后一批医疗队凯旋。其间，为援鄂医疗队和定点医院医护人员转运提供免费 55 座国宾大巴车 20 辆，运送医护人员近千人次。

2. 开通"医护专车"为白衣战士保驾护航

2020 年 2 月 5 日集团旗下哈喽优行网约车平台专车组建河北省首支医护专车志愿车队，免费服务一线医护人员。疫情期间，城市公共交通几近停滞，医护人员出行极其不便。集团旗下哈喽优行自营网约车组建了河北省首支由 120 名驾驶员组成的"医护专车"志愿车队，并联合阿里巴巴、高德地图上线"医护专车"手机端叫车服务，早 6 点至晚 10 点，免费服务一线医护人员。自 2 月 5 日开通至 3 月底石家庄病例清零，将近 2 个月时间里，"医护专车"共服务 6 家定点医院医护人员 2000 余名，出动车辆 4 万余次，为医护人员提供了坚强的交通保障。

3. 助力复工复产，定制"复工复产直通车"

为解决复工复产企业交通运输问题，2020 年 2 月 14 日，公司制定了《复工企业定制包车专项运输工作方案》，第一时间上线"复工企业定制包车运输需求服务平台"，推出"点对点、一站式"定制直达包车运输服务。公司制定了疫情防控（简易）操作指南，所有车辆严格消杀，司机和乘客均严格做好防护，并准备了应急预案，助力企业顺利复工，解决疫情期间省内外企业员工返岗复工用车问题。2020 年 2 月 17 日，石家庄市新干线集团有限公司首辆企业返岗复工定制包车发出，护送 18 名复工人员返岗，18 日下午顺利抵达甘肃用工企业。截至 6 月 30 日，"复工复产直通车"共出车 3072 辆次，运送返岗复工人员 46160 人次。

4. 首创设立"健康测温点"

2020 年 3 月 10 日，集团旗下的哈喽优行设立城市客运消毒点，对出租车、网约车无差别免费消毒，以及率先试点安装车内隔离防护膜。因测温枪紧缺，哈喽优行联合药房、便利店设立 282 个乘客"健康测温点"，做到石家庄二环以内社区网格全覆盖；哈喽优行推出复工出行健康车，全面保障司机乘客健康安全。

5. 率先恢复运营班线

疫情期间，石家庄班线客车全部停运，公司积极提交恢复客车运营方案，经石家庄市交通运输局批复后，2020 年 3 月 5 日，新干线客运公司承担的晋州至石家庄长途客运班线标志着石家庄市道路客运恢复运营，为企业全面复工复产、城市恢复正常生产生活秩序提供了有力的出行保障。

6.积极承担境外回国人员转运任务

3月29日，新干线集团组织20名驾驶员进行战前动员会，要求广大参战驾驶员要做到坚守岗位，严格防护，"守一道关，护一城人！"截至2020年12月，共保障机场国际航班101趟，共出动1616车次，共转运境外回国人员及机场隔离转运人员27795人次，转运总里程超过10多万公里。

案例十 温州交运集团国际旅游有限公司

（一）公司简介及发展历程

温州交运集团国际旅游有限公司是温州市交通运输集团全资子公司，是一家国有企业。公司成立于1999年9月，注册资本3800万元，是温州地区唯一一家集旅行社、旅游包车、旅游集散中心、公务用车、商务会务于一体的综合型旅游服务的公司。公司拥有车辆200余辆，办公及停车场地1.5万余平方米。公司多次出色地完成了国家级、省级、市级大型会议用车保障任务。

（二）新型冠状病毒肺炎疫情期间的主要做法

2020年伊始，面对突如其来的新型冠状病毒疫情，温州交运集团国际旅游有限公司用实际行动践行着国企的责任和担当，承担了疫情危急时刻的应急交通服务保障工作和疫情常态化之后的企业复工复产交通运输工作。

1.逆行而上，做志愿服务的"先锋军"

在疫情最严峻时刻，公司在第一时间成立了以党员干部为骨干的应急车辆保障志愿服务队。迅速集结的64名志愿服务队员奔走在疫情防控最前线，为温州市卫健委、温州市疾控中心等重点单位防疫工作提供紧急运力保障。

2.勇于担当，做战疫背后的"摆渡人"

"疫情就是命令，防控就是责任"。公司为病毒样本运检、防疫物资运输等疫情防控工作提供紧急运力保障；负责医务工作人员往返接送任务；承担侨胞转运专车任务。从2020年1月21日起，派人连续9天运送新型冠状病毒样本到杭州；1月25日，又接温州市紧急任务（要求 3 小时内送机场工作人员到达杭州萧山机场）后，公司精选两名驾驶员，比截止时间提前 2 分钟到达杭州萧山机场，顺利完成任务；2 月 2 日起，应温州市防控办要求，为确保温州市附二医瓯江口院区的顺利启用，负责承担起被称为"温州版火神山"的附二医瓯江口院区医务工作人员往返接送任务，解决医务工作人员的通勤问题。参加防疫保障工作的驾驶员长期住在公司值班室或者临近宾馆；执行任务或者值班值守期间伙食全部靠吃方便面，完成了各项出车任务达 1162 车次。

3. 责无旁贷，做复工复产的"攻坚队"

根据温州市委市政府"打赢防控阻击战、发展主动仗"的决策部署，公司因企施策，率先为企业提供"点对点"迎员工返岗返工服务。2020 年 2 月 18 日，两辆"复工复产员工返温车"启程前往四川通江、湖南永州接送 51 名企业员工返温，全力保障了温州多个企业员工返岗返工的交通需求。公司共执行复工复产员工返温任务 249 车次，运输返温人员约 6000 多人次，遍及安徽、湖南、江西等多个省份，全力助推企业复工复产。

4. 义无反顾，再战境外输入防控网

根据温州市委市政府统一部署，公司自 2020 年 2 月 28 日起承担杭州、上海等机场境外来温人员车辆保障任务。3 月 15 日起投入 30 辆客车，负责温州机场境外来温人员运送任务。自承担这个特殊任务起，驾驶员们克服种种困难、时刻待命。以嘉善为例，每次执行任务，驾驶 6 个多小时车辆从嘉善到达温州后，根据指挥部要求立即返回嘉善休整、待命，全程共需 12 个多小时。驾驶员每次执行任务都要穿全套防护服，长期佩戴护目镜和口罩，驾驶员身上起了湿疹、脸上、鼻梁也不同程度受伤。截至 2020 年 7 月底，累计执行 575 车次境外来温人员运送任务。

温州交运国旅公司在疫情期间的责任与担当，默默高效履行职责的做法，为疫情防控工作和地方经济发展贡献了自己的力量。相关事迹先后被温州商报、温州晚报和温州新闻等多家主流媒体报道。

第四部分

附　录

附录一 旅游客运企业发展问卷调查表（2018）

一、旅游客运企业的基本情况

1. 贵公司的业务类型属于：

A. 交通运输（含旅游交通运输）

B. 旅游交通运输

C. 其他类型（请做出详细说明：）

2. 贵公司的性质属于：

A. 国有企业

B. 民营企业

C. 其他类型（请做出详细说明：）

3. 贵公司旅游客运业务的运行方式是：

A. 自主经营

B. 承包经营

C. 公车公营

D. 其他类型（请做出详细说明：）

4. 贵公司旅游客运业务处于什么状态：

A. 不断萎缩

B. 不断扩张

C. 其他（请做出详细说明：）

5. 贵公司现有的人员规模为：人，其中，从事旅游客运业务的有_____人。

6. 贵公司现有的车辆规模为：辆，其中，从事旅游客运业务的有_____辆。

7. 贵公司现有传统能源车辆_____辆，新能源车辆_____辆。

8. 贵公司现有的车辆类型高三级_____辆，高二级_____辆，高一级_____辆，中级_____辆，普通_____辆。

9. 贵公司现有的车辆类型 7 米以下车型_____辆，7~9 米（含 7 米）车型_____辆，9~11 米（含 9 米）车型_____辆，12 米及以上车型_____辆。

10. 贵公司主要车辆品牌及数量：（填写车辆数量前三位）

（1）宇通_____，（2）中通_____，（3）安凯_____，（4）金龙_____，

（5）金旅_____，（6）苏龙_____，（7）北方_____，（8）青年_____，

（9）福田_____，（10）申龙_____，（11）丰田_____，（12）九龙_____，

（13）其他_____。

11. 贵公司 2018 年的营业收入为_____亿元，其中，旅游客运业务收入为_____亿元。

12. 贵公司 2018 年的营业利润为_____亿元，其中，旅游客运业务利润为_____亿元。

13. 贵公司从事旅游客运的驾驶员有_____人，其中，拥有 A1 驾驶资格的驾驶员有_____人，具备 A1 驾驶资格的驾驶员的最低年龄是_____岁。

二、旅游客运业务宏观情况调查

14. 贵公司的旅游客运业务对象的范围包括（可多选）：

A. 中华人民共和国公民

B. 港澳台地区居民

C. 亚洲地区（可详细写出主要国家或地区：_____）

D. 欧洲地区（可详细写出主要国家或地区：_____）

E. 美洲地区（可详细写出主要国家或地区：_____）

F. 其他地区（可详细写出主要国家或地区：_____）

15. 贵公司的中国境内旅游客运业务发展的空间辐射范围涵盖（可多选）：

A. 国内一线城市

B. 主要省会城市

C. 全部省会城市

D. 主要地级城市

E. 全部地级城市

16. 贵公司的旅游客运业务来源是：

A. 政府采购

B. 旅游景区委托

C. 旅行社委托

D. 旅游散客租赁

E. 其他类型（请做出详细说明：）

17. 贵公司的旅游客运业务的经营方式是：

A. 公营模式

B. 承包模式

C. 以包代管

D. 其他（请做出详细说明：）

18. 贵公司对旅游运输业务有无严格的等级划分（可多选）：

A. 对旅游营运车有严格的等级划分

B. 对旅游营运业务有严格的等级划分

C. 对旅游营运车没有严格的等级划分

D. 对旅游营运业务没有严格的等级划分

19. 贵公司旅游运输业务面临的最大制约是什么（可多选）

A. 季节性突出，营运时间短

B. 人员结构老化，知识技能跟不上

C. 安全事故频发，负面影响大

D. 车辆更新限制多，指标不够

E. 高铁替代，市场份额减少

F. 其他（请做出详细说明：）

20. 高铁对贵公司旅游客运业务的影响（可多选）：

A. 高铁线路与原有旅游客运线路完全重合，原有旅游客运线路完全失去发展空间

B. 高铁线路与原有旅游客运线路完全重合，二者同时并行存在

C. 高铁线路与原有旅游客运线路部分重合，原有旅游客运线路长度超过高铁线路

D. 高铁线路与原有旅游客运线路部分重合，高铁线路长度超过原有旅游客运线路

E. 其他情况（请做出详细说明：）

21. 贵公司目前有纯电动车辆？未来五年内计划引进纯电动车辆？目前从事旅游客运服务的纯电动车辆？未来五年内计划引进纯电动车_____辆？

22. 贵公司目前从事旅游客运服务的汽车有辆，其中，采用营运指标挂靠方式的有_____辆，租赁经营方式的有_____辆，本公司自营旅游客运线路的有_____辆。

23. 贵公司目前具有旅游客运服务指标有_____个，其中，本公司自营指标有_____个，外包给其他公司或个人的指标有_____个。

24. 贵公司目前从事旅游客运线路的汽车中，定制化采购的有_____辆，传统 50 座位的有_____辆，16~50 座位的有_____辆，低于 15 座位的有_____辆。

附录二 旅游客运企业发展和安全管理现状的问卷调查表（2019）

一、旅游客运企业的基本情况

1. 贵公司的业务类型属于：

A. 交通运输（含旅游交通运输）

B. 旅游交通运输

C. 货物交通运输

D. 其他类型（请做出详细说明：）

2. 贵公司的性质属于：

A. 国有企业

B. 民营企业

C. 其他类型（请做出详细说明：）。

3. 贵公司旅游客运业务的运行方式是：

A. 自主经营

B. 承包经营

C. 公车公营

D. 其他类型（请做出详细说明：）。

4. 贵公司 2019 年的人员规模为：_____ 人，其中，从事旅游客运业务的有_____ 人。

5. 贵公司 2019 年的营业收入为_____ 千万元，其中，旅游客运业务收入为_____ 千万元。

6. 贵公司 2019 年的营业利润为＿＿＿＿＿千万元，其中，旅游客运业务利润为＿＿＿＿＿千万元。

7. 贵公司 2019 年从事旅游客运的驾驶员有＿＿＿＿＿人，其中，拥有 A1 驾驶资格的驾驶员有＿＿＿＿＿人，具备 A1 驾驶资格的驾驶员的最低年龄是＿＿＿＿＿岁。

8. 贵公司目前有纯电动多少车辆？未来五年内计划引进纯电动车多少辆？目前从事旅游客运服务的纯电动车多少辆？未来五年内计划引进纯电动车多少辆？

9. 贵公司 2019 年从事旅游客运服务的汽车有辆，其中，采用营运指标挂靠方式的有＿＿＿＿＿辆，租赁经营方式的有＿＿＿＿＿辆，本公司自营旅游客运线路的有＿＿＿＿＿辆。

10. 贵公司 2019 年具有旅游客运服务指标有＿＿＿＿＿个，其中，本公司自营指标有＿＿＿＿＿个，外包给其他公司或个人的指标有＿＿＿＿＿个。

11. 贵公司 2019 年从事旅游客运线路的汽车中，传统 45 座以上的有＿＿＿＿＿辆，16~45 座的有＿＿＿＿＿辆，低于 16 座的有＿＿＿＿＿辆。

12. 贵公司 2019 年的旅游客运业务总量有＿＿＿＿＿，旅游客运线路有＿＿＿＿＿条。

二、旅游客运业务宏观情况调查

13. 贵公司的旅游客运业务对象的范围包括（可多选）：

A. 中华人民共和国公民

B. 港澳台地区居民

C. 亚洲地区（可详细写出主要国家或地区：　　　　　　）

D. 欧洲地区（可详细写出主要国家或地区：　　　　　　）

E. 美洲地区（可详细写出主要国家或地区：　　　　　　）

F. 其他地区（可详细写出主要国家或地区：　　　　　　）

14. 贵公司的中国境内旅游客运业务发展的空间辐射范围涵盖（可多选）：

A. 国内一线城市

B. 主要省会城市

C. 全部省会城市

D. 主要地级城市

E. 全部地级城市

15. 贵公司的旅游客运业务来源是（可多选）：

A. 政府采购

B. 旅游企业

C. 其他社团

D. 散客租赁

E. 其他类型（请做出详细说明：）

16. 贵公司的旅游客运业务的经营方式是：

A. 公营模式

B. 承包模式

C. 以包代管

D. 其他（请做出详细说明：）

17. 贵公司对旅游运输业务有无严格的等级划分（可多选）：

A. 对旅游营运车有严格的等级划分

B. 对旅游营运业务有严格的等级划分

C. 对旅游营运车没有严格的等级划分

D. 对旅游营运业务没有严格的等级划分

18. 高铁对贵公司旅游客运业务的影响（可多选）：

A. 高铁线路与原有旅游客运线路完全重合，原有旅游客运线路完全失去发展空间

B. 高铁线路与原有旅游客运线路完全重合，二者同时并行存在

C. 高铁线路与原有旅游客运线路部分重合，原有旅游客运线路长度超过高铁线路

D. 高铁线路与原有旅游客运线路部分重合，高铁线路长度超过原有旅游客运线路

E. 其他情况（请做出详细说明：）

19. 影响贵单位更新纯电动旅游客车的因素有哪些？（可多选）

A. 续航里程短

B. 购置价格高

C. 充电站等配套设施不完善

D. 续航里程无法满足业务需要

E. 后续维护成本高

F. 其他情况（请做出详细说明：）

20. 从业人员对行业发展的影响有哪些？（可多选）

A. 受准驾车型增驾年限影响，导致人员入口年龄偏大

B. 受户口或地域限制，主管部门限制人员准入

C. 受行业发展影响，从业人员缺乏信心

D. 其他情况（请做出详细说明：）

21. 贵公司 2019 年是否使用或者计划在未来使用哪些新技术（可多选）：

A. 综合交通运输大数据

B. 物联网的应用（RS 遥感技术与定位功能、产品开发与定制功能、营业活动总结、信息总揽等）

C. 中国北斗卫星导航系统

D. 汽车电子技术（传感技术应用、安全与舒适系统应用、信息和通讯系统应用等）

E. 燃料电池汽车

F. 其他（请做出详细说明：）

三、旅游交通发展安全调查

22. 贵公司是否安排定期的交通安全培训？

A. 有，培训周期

B. 无

23. 请详细列举贵公司的定期交通安全培训的内容：

24. 请详细列举贵公司安全责任制落实的具体内容：

25. 请详细列举贵公司日常安全管理的具体内容：

26. 请详细列举贵公司安全基金如何提取？

使用的具体内容：

27. 请详细列举贵公司安全生产规章制度建设的主要内容：

28. 请简要介绍贵公司安全生产双体系建设的开展情况：

29. 请列举贵公司应急预案编制情况：

30. 请简要介绍贵公司 4G 动态视频实时监控情况和存在的问题：

附录三　新型冠状病毒肺炎疫情期间旅游客运企业发展状况的问卷调查表（2020）

一、旅游客运企业的基本情况

1. 贵公司的性质属于：

A. 国有企业

B. 民营企业

C. 其他类型（请做出详细说明：）。

2. 贵公司所在地及传统旅游包车线路涵盖以下地区：

A. 武汉

B. 湖北省其他地区

C. 北上广深一线城市

D. 绥芬河、哈尔滨及满洲里

E. 国内其他地区

二、新型冠状病毒肺炎疫情对旅游客运企业的影响

3. 贵公司旅游业务板块 2020 年第一季度的营业收入为_____千万元，其中，旅游客运业务收入为_____千万元。相对于 2019 年同期，旅游板块营业收入下降_____千万元，旅游客运收入下降_____千万元。

4. 贵公司旅游业务板块 2020 年第一季度的营业利润为_____千万元，其中，旅游客运业务收入为_____千万元。相对于 2019 年同期，旅游业务营业利润下降_____千万元，旅游客运利润下降_____千万元。

5. 贵公司 2020 年第一季度旅游客车出车率_____%，同比下降_____%。

6. 2020 年第一季度，贵公司省际班线、旅游线路、旅游团队包车、普通包车的经营状态为

　　A. 继续营运

　　B. 停止营运

　　C. 部分营运

　　D. 其他（请具体列出：）

7. 新型冠状病毒肺炎疫情期间，贵公司面临的主要困难为（可多选）：

　　A. 流动资金不足

　　B. 驾驶人员流失

　　C. 成本压力巨大

　　D. 政策限制增多

　　E. 市场信心不足

　　F. 其他（请具体列出：）

8. 贵公司应对新型冠状病毒肺炎疫情的旅游客运业务应急措施有哪些？（可多选）

　　A. 收缩线路

　　B. 降低收费

　　C. 减少班次

　　D. 核减人员

　　E. 降薪或发放基本工资

　　F. 其他（请具体列出：）

9. 贵公司应对新型冠状病毒肺炎疫情的人力资源应急措施有哪些？（可多选）

　　A. 紧急裁员

　　B. 调整薪酬

　　C. 轮岗轮休

　　D. 线上培训

　　E. 积极招募

　　F. 其他（请具体列出：）

10. 应对疫情防控常态化，贵公司对旅游客运业务进行了哪些调整？（可多选）

A. 精选客运线路

B. 减少客运车辆

C. 降低客运频次

D. 停止更新车辆，延缓车辆报废

E. 其他（请具体列出：）

11. 针对疫情防控，贵公司对旅游服务流程做了哪些优化？（可多选）

A. 全面日常消毒

B. 个人防疫保护

C. 保持社交距离

D. 核减准乘人数

E. 落实测温查码

F. 优化线上预约

G. 其他（请具体列出：）

12. 针对疫情防控，贵公司及行业协会有哪些应对自救措施？（可多选）

A. 普及防控知识

B. 探索业务转型

C. 提供公益活动

D. 出台扶持措施

E. 其他（请具体列出：）

13. 疫情期间，所在地区政府是否有适用于旅游交通服务企业的扶持措施？

A. 有

B. 没有

C. 其他（如有，请具体列出：）

14. 针对新型冠状病毒肺炎疫情，贵企业亟须哪些方面的扶持政策？（限选三项）

A. 降低行业准入

B. 购置车辆补贴

C. 路桥费减免

D. 放开从业人员地域限制

E. 延缓车辆更新时间限制

F. 稳定就业补贴

G. 社保缴纳支持

H. 其他（请具体列出：）

15. 针对"五一"假期，贵公司在恢复旅游业务方面采取了哪些措施？（可多选）

A. 恢复既有旅游线路

B. 开辟新的旅游线路或新产品

C. 调整车辆类型

D. 积极进行市场宣传

E. 实行价格优惠措施

F. 其他（请具体列出：）

16. 相比 2020 年第一季度，"五一"假期期间，贵公司旅游业务量呈现的状态：

A. 基本持平

B. 快速反弹

C. 其他（请具体列出：）

17. 新型冠状病毒肺炎疫情对贵公司的影响是什么？

A. 长期影响

B. 短期冲击

C. 没有影响

D. 尚不确定

18. 新型冠状病毒肺炎疫情期间，贵公司安全工作是否稳定？

A. 停车场压力大，消防隐患凸显

B. 路况畅通，交通违法降低，未发生交通事故

C. 业务骤减，驾驶员收入降低，存在不稳定因素

D. 企业全面停工，安全工作平稳有序

E. 其他（请具体列出：）

附录四　旅游客运行业重要相关政策文件

1.《城市出租汽车管理暂行办法》

实施时间：1988 年 6 月 15 日

发布部门：建设部、公安部、国家旅游局

相关内容：规定凡在城市（含市辖行政区，下同）经营（含兼营）客运出租汽车业务（含旅游客运，宾馆、旅社、招待所、接待站客运业务）的国营、集体企业、外商投资企业和个体工商户、合伙经营者（以下统称出租汽车经营者），必须遵守本办法。该办法对站点管理做出了规定：在乘客比较集中的机场、火车站、码头、饭店、宾馆等公共场所和风景名胜地区，客运管理机构应建立出租汽车公用站点，并组织一定数量的工作人员负责维持秩序，按顺序派车。各出租汽车公用站点必须对所有出租汽车经营者开放，不得以任何借口独占、垄断业务。

2.《出租汽车旅游汽车客运管理规定》

实施时间：1990 年 1 月 1 日

发布部门：交通部

相关内容：该规定为加强对出租汽车、旅游汽车客运管理，保障经营者和乘客的合法权益，维护正常的运输秩序，促进出租汽车、旅游汽车客运事业的发展而制定。凡经营出租汽车、旅游汽车客运的国营企业、集体企业、外商投资企业和个体运输专业户（含联户）经营者，必须遵守本规定。规定定班、定线的旅游汽车的客运线路须经交通主管部门审查批准；不定班、不定线的旅游汽车和出租汽车由交通主管部门核定其经营区域。各级交通主管部门应当加强对出租汽车、旅游汽车集中的机场、车站、码头、宾馆等公共场所和风景名胜地区的客运站点、停车场所的管理。

3.《北京市旅游客运汽车运营管理暂行办法》

实施时间：1993 年 8 月 15 日

发布部门：北京市人民政府

相关内容：该管理办法首次提及"旅游客运"。制定本办法是为保障旅游者和旅游客运经营者的合法权益，维护旅游客运正常秩序。办法规定凡北京行政区域内的旅游客运经营者，包括利用大、中型客车、旅行车等汽车，从事旅游客运经营的一切单位和个人，都必须遵守本办法。

4.《关于清理整顿道路客货运输秩序意见的通知》

发布时间：2000 年 12 月 2 日

发布部门：交通部、建设部、财政部、国家计委、公安部

相关内容：清理整顿道路客货运输秩序的主要任务是：根据改革、发展、稳定相结合和减轻企业负担的原则，按照建立社会主义市场经济体制的要求，针对当前道路客货运输存在的突出问题，清理对车辆和道路客货运输企业的各类收费项目，取消不合理收费项目，减轻经营者的负担；整顿营运秩序，加强宏观调控和市场监管，打击非法营运和车匪路霸，为经营者创造公开、公平、规范有序的竞争环境；以规范道路客货运输的经营和服务行为为重点，确保运输安全，提高运输服务质量和水平，树立良好的行业形象。清理整顿道路客货运输秩序的基本目标是：通过清理整顿，力争用半年到一年的时间，使道路客货运输秩序基本好转，经营环境有较大改善，政府对市场监管能力明显增强，行业整体形象明显改善，服务质量明显提高，促进道路客货运输行业的健康发展。道路运输企业要加快建立现代企业制度的步伐，完善经营机制，加强科学管理，挖掘内部潜力，提高经济效益。尽快改变企业技术装备落后、科技含量低的状况，加快车辆更新和车型结构调整步伐，加快淘汰老旧车辆，降低耗油成本。依据有关法律、法规，规范道路运输企业的承包、租赁经营形式和经济关系，做到责权一致、风险共担、收费合理，形成有效的激励机制和约束机制。完善道路客货运输网络，加快道路运输场站建设。道路运输场站有很强的公益性，在城市规划、征地拆迁、投资补助等方面享受国家有关政策，并坚持政府投入与企业自筹相结合的发展路子。地方各级人民政府应将道路运输基础设施（公路主枢纽）的规划、建设纳入城乡

建设的总体规划。

5.《国务院办公厅关于加快新能源汽车推广应用的指导意见》

发布时间：2014 年 7 月 21 日

发布部门：国务院办公厅

相关内容：为加快新能源汽车的推广应用，有效缓解能源和环境压力，促进汽车产业转型升级提出该指导意见。贯彻落实发展新能源汽车的国家战略，以纯电驱动为新能源汽车发展的主要战略取向，重点发展纯电动汽车、插电式（含增程式）混合动力汽车和燃料电池汽车，以市场主导和政府扶持相结合，建立长期稳定的新能源汽车发展政策体系，创造良好发展环境，加快培育市场，促进新能源汽车产业健康快速发展。推动公共服务领域率先推广应用，扩大公共服务领域新能源汽车应用规模。各地区、各有关部门要在公交车、出租车等城市客运以及环卫、物流、机场通勤、公安巡逻等领域加大新能源汽车推广应用力度，制订机动车更新计划，不断提高新能源汽车运营比重。

6.《关于促进交通运输与旅游融合发展的若干意见》

发布时间：2017 年 3 月 1 日

发布部门：交通运输部、国家旅游局、国家铁路局等

相关内容：为深入贯彻党中央、国务院关于推进供给侧结构性改革的决策部署，落实《国务院关于促进旅游业改革发展的若干意见》，进一步扩大交通运输有效供给，优化旅游业发展的基础条件，加快形成交通运输与旅游融合发展的新格局，提出本意见。落实创新、协调、绿色、开放、共享发展新理念，以深化供给侧结构性改革为主线，以转型升级、提质增效为中心，着力完善旅游交通网络设施，创新旅游交通产品，提升旅游交通服务品质，扩大新需求，创造新供给，更好地适应经济社会发展和人民群众旅游需求新变化，为促投资促消费稳增长提供坚实支撑。到 2020 年，基本建成结构合理、功能完善、特色突出、服务优良的旅游交通运输体系。建立健全交通运输与旅游融合发展的运行机制，基本形成"快进""慢游"旅游交通基础设施网络，旅游交通产品供给能力明显增强，旅游交通服务功能明显改善，服务质量有效提升。

7.《交通运输部关于修改＜道路旅客运输及客运站管理规定＞的决定》

实施时间：2017年3月1日

发布部门：交通运输部

相关内容：本规定所称道路客运经营，是指用客车运送旅客、为社会公众提供服务、具有商业性质的道路客运活动，包括班车（加班车）客运、包车客运、旅游客运。班车客运是指营运客车在城乡道路上按照固定的线路、时间、站点、班次运行的一种客运方式，包括直达班车客运和普通班车客运。加班车客运是班车客运的一种补充形式，是在客运班车不能满足需要或者无法正常运营时，临时增加或者调配客车按客运班车的线路、站点运行的方式。包车客运是指以运送团体旅客为目的，将客车包租给用户安排使用，提供驾驶劳务，按照约定的起始地、目的地和路线行驶，按行驶里程或者包用时间计费并统一支付费用的一种客运方式。旅游客运是指以运送旅游观光的旅客为目的，在旅游景区内运营或者其线路至少有一端在旅游景区（点）的一种客运方式。本规定所称客运站经营，是指以站场设施为依托，为道路客运经营者和旅客提供有关运输服务的经营活动。国家实行道路客运企业等级评定制度和质量信誉考核制度，鼓励道路客运经营者实行规模化、集约化、公司化经营，禁止挂靠经营。道路客运和客运站管理应当坚持以人为本、安全第一的宗旨，遵循公平、公正、公开、便民的原则，打破地区封锁和垄断，促进道路运输市场的统一、开放、竞争、有序，满足广大人民群众的出行需求。

8.《国务院办公厅关于促进全域旅游发展的指导意见》

发布时间：2018年3月22日

发布部门：国务院办公厅

相关内容：发展全域旅游，将一定区域作为完整旅游目的地，以旅游业为优势产业，统一规划布局、优化公共服务、推进产业融合、加强综合管理、实施系统营销，有利于不断提升旅游业现代化、集约化、品质化、国际化水平，更好满足旅游消费需求。为指导各地促进全域旅游发展，提出本意见。全面贯彻党的十九大精神，以习近平新时代中国特色社会主义思想为指导，认真落实党中央、国务院决策部署，统筹推进"五位一体"总体布局和协调推进"四个全面"战略布局，牢固树立和贯彻落实新发展理念，加快旅游供给侧结构性改革，着力推动旅游业从门票经济向产业经济转变，从粗放低效方式向精细高效方式转变，从封闭的旅游自循环向开放的"旅游＋"转变，从企业单打独享向社会共建共享转变，从景区内部管理向全面依法治理转变，从部门行为向政府统筹推进转变，从单一景点景区建设向综合目的地服务转变。推动旅游与交通融合发展。加快建设自驾车房车旅游营地，推广精品自驾游线路，打造旅游风景道和铁路遗产、大型交通工程等特色交通旅游产品，积极发展邮轮游艇旅游、低空旅游。

9.《关于实施旅游服务质量提升计划的指导意见》

发布时间：2019 年 1 月

发布部门：文化和旅游部

相关内容：增强旅游市场秩序治理能力，强化旅游市场综合监管，对具有共性的"黑社""黑导""黑车""黑店"和"不合理低价游"等违法违规行为，加大打击力度。

10.《国务院办公厅关于进一步激发旅游和文化消费潜力的意见》

发布时间：2019 年 8 月 23 日

发布部门：国务院办公厅

相关内容：为贯彻落实《中共中央　国务院关于完善促进消费体制机制进一步激发居民消费潜力的若干意见》，提升文化和旅游消费质量水平，增强居民消费意愿，以高质量文化和旅游供给增强人民群众的获得感、幸福感，提出本意见。以习近平新时代中国特色社会主义思想为指导，顺应文化和旅游消费提质转型升级新趋势，深化文化和旅游领域供给侧结构性改革，从供需两端发力，不断激发文化和旅游消费潜力。努力使我国文化和旅游消费设施更加完善，消费结构更加合理，消费环境更加优化，文化和旅游产品、服务供给更加丰富。推动全国居民文化和旅游消费规模保持快速增长态势，对经济增长的带动作用持续增强。着力丰富产品供给。鼓励打造中小型、主题性、特色类的文化旅游演艺产品。促进演艺、娱乐、动漫、创意设计、网络文化、工艺美术等行业创新发展，引导文化和旅游场所增加参与式、体验式消费项目，鼓励发展与自驾游、休闲度假相适应的租赁式公寓、汽车租赁等服务。

11.《交通强国建设纲要》

发布时间：2019 年 9 月 19 日

发布部门：中共中央、国务院

相关内容：建设交通强国是以习近平同志为核心的党中央立足国情、着眼全局、面向未来作出的重大战略决策，是建设现代化经济体系的先行领域，是全面建成社会主义现代化强国的重要支撑，是新时代做好交通工作的总抓手。为统筹推进交通强国建设，制定本纲要。以习近平新时代中国特色社会主义思想为指导，深入贯彻党的十九大精神，紧紧围绕统筹推进"五位一体"总体布局和协调推进"四个全面"战略布局，坚持稳中求进工作总基调，坚持新发展理念，坚持推动高质量发展，坚持以供给侧结构性改革为主线，坚持以人民为中心的发展思想，牢牢把握交通"先行官"定位，适度超前，进一步解放思想、开拓进取，推动交通发展由追求速度规模向更加注重质量效益转变，由各种交通方式相对独立发展向更加注重一体化融合发展转变，由依靠传统要素驱动向更加注重创新驱动转变，构建安全、便捷、高效、绿色、经济的现代化综合交通体系，打造一流设施、一流技术、一流管理、一流服务，建成人民满意、保障有力、世界前列的交通强国，为全面建成社会主义现代化强国、实现中华民族伟大复兴中国梦提供坚强支撑。

到 2020 年，完成决胜全面建成小康社会交通建设任务和"十三五"现代综合交通运输体系发展规划各项任务，为交通强国建设奠定坚实基础。从 2021 年到 21 世纪中叶，分两个阶段推进交通强国建设。到 2035 年，基本建成交通强国。现代化综合交通体系基本形成，人民满意度明显提高，支撑国家现代化建设能力显著增强；拥有发达的快速网、完善的干线网、广泛的基础网，城乡区域交通协调发展达到新高度；基本形成"全国 123 出行交通圈"（都市区 1 小时通勤、城市群 2 小时通达、全国主要城市 3 小时覆盖）和"全球 123 快货物流圈"（国内 1 天送达、周边国家 2 天送达、全球主要城市 3 天送达），旅客联程运输便捷顺畅，货物多式联运高效经济；智能、平安、绿色、共享交通发展水平明显提高，城市交通拥堵基本缓解，无障碍出行服务体系基本完善；交通科技创新体系基本建成，交通关键装备先进安全，人才队伍精良，市场环境优良；基本实现交通治理体系和治理能力现代化；交通国际竞争力和影响力显著提升。到 21 世纪中叶，全面建成人民满意、保障有力、世界前列的交通强国。基础设施规模质量、技术装备、科技创新能力、智能化与绿色化水平位居世界前列，交通安全水平、治理能力、文明程度、国际竞争力及影响力达到国际先进水平，全面服务和保障社会主义现代化强国建设，人民享有美好交通服务。

12.《推进综合交通运输大数据发展行动纲要（2020—2025年）》

发布时间：2019年12月9日

发布部门：交通运输部

相关内容：以数据资源赋能交通发展为切入点，按照统筹协调、应用驱动、安全可控、多方参与的原则，聚焦基础支撑、共享开放、创新应用、安全保障、管理改革等重点环节，实施综合交通运输大数据发展"五大行动"，推动大数据与综合交通运输深度融合，有效构建综合交通大数据中心体系，为加快建设交通强国提供有力支撑。到2025年，力争实现以下目标：综合交通运输大数据标准体系更加完善，基础设施、运载工具等成规模、成体系的大数据集基本建成。政务大数据有效支撑综合交通运输体系建设，交通运输行业数字化水平显著提升。综合交通运输信息资源深入共享开放。大数据在综合交通运输各业务领域应用更加广泛。大数据安全得到有力保障。符合新时代信息化发展规律的大数据体制机制取得突破。综合交通大数据中心体系基本构建，为加快建设交通强国，助力数字经济勃兴提供坚强支撑。提升安全生产监测预警能力。推动基于大数据的综合交通运输安全生产全流程监管，利用大数据深化"平安交通"建设；促进出行服务创新应用。以数据衔接出行需求与服务资源。促进交通旅游服务大数据创新应用。利用大数据分析评价道路客运、公共汽电车、出租汽车、汽车分时租赁等领域新老业态发展特征，推动新老业态动能转化和融合发展。

13.《道路旅客运输及客运站管理规定》

实施时间：2020年9月1日

发布部门：交通运输部

相关内容：为规范道路旅客运输及道路旅客运输站经营活动，维护道路旅客运输市场秩序，保障道路旅客运输安全，保护旅客和经营者的合法权益，依据《中华人民共和国道路运输条例》及有关法律、行政法规的规定，制定本规定。从事道路旅客运输（以下简称道路客运）经营以及道路旅客运输站（以下简称客运站）经营的，应当遵守本规定。本规定所称道路客运经营，是指使用客车运送旅客、为社会公众提供服务、具有商业性质的道路客运活动，包括班车（加班车）客运、包车客运、旅游客运。本规定所称客运站经营，是指以站场设施为依托，为道路客运经营者和旅客提供有关运输服务的经营活动。旅游客运按照营运方式分为定线旅游客运和非定线旅游客运。定线旅游客运按照班车客运管理，非定线旅游客运按照包车客运管理。

14.《国家综合立体交通网规划纲要》

印发时间：2021 年 2 月

发布部门：中共中央、国务院

相关内容：《纲要》内容显示，规划期为 2021 年至 2035 年，远景展望到本世纪中叶。《纲要》提出，到 2035 年，国家综合立体交通网实体线网总规模合计 70 万公里左右（不含国际陆路通道境外段、空中及海上航路、邮路里程）。其中铁路 20 万公里左右，公路 46 万公里左右，高等级航道 2.5 万公里左右。沿海主要港口 27 个，内河主要港口 36 个，民用运输机场 400 个左右，邮政快递枢纽 80 个左右。国家综合立体交通网主骨架由国家综合立体交通网中最为关键的线网构成。据《纲要》介绍，依据国家区域发展战略和国土空间开发保护格局，结合未来交通运输发展和空间分布特点，将重点区域按照交通运输需求量级划分为 3 类。京津冀、长三角、粤港澳大湾区和成渝地区双城经济圈 4 个地区作为极，长江中游、山东半岛、海峡西岸、中原地区、哈长、辽中南、北部湾和关中平原 8 个地区作为组群，呼包鄂榆、黔中、滇中、山西中部、天山北坡、兰西、宁夏沿黄、拉萨和喀什 9 个地区作为组团。按照极、组群、组团之间交通联系强度，打造由主轴、走廊、通道组成的国家综合立体交通网主骨架。具体而言，建设综合交通枢纽集群、枢纽城市及枢纽港站"三位一体"的国家综合交通枢纽系统。建设面向世界的京津冀、长三角、粤港澳大湾区、成渝地区双城经济圈 4 大国际性综合交通枢纽集群。加快建设 20 个左右国际性综合交通枢纽城市以及 80 个左右全国性综合交通枢纽城市。推进一批国际性枢纽港站、全国性枢纽港站建设。

参考文献

［1］BRUVE PRIDENUX. The role of the transport system in destination development ［J］. *Tourism Management*，2000，21（1）：53-63.

［2］LES LUMSDON，STEPHEN J PAGE. Tourism and transport：issues and agenda for the new millennium ［M］. *UK：Taylor & Francis*，2004.

［3］THIRUMALALAISAMY RAGUANATHAN，SUDHEER KUMAR BATTULA. ITTS：Intelligent Transport and Tourism System ［J］.Procedia Computer Science，2015，（50）：191-196.

［4］保继刚，楚义芳 . 旅游地理学（修订版）［M］.北京：高等教育出版社，1999.

［5］关宏志，任军等 . 旅游交通规划的基础框架 ［J］.北京规划建设，2001（06）：32-35.

［6］卞显红，王苏洁 . 交通系统在旅游目的地发展中的作用探析 ［J］.安徽大学学报（哲学社会科学版），2003，27（06）：132-138.

［7］张凌云，黎巎，刘敏 . 智慧旅游的基本概念与理论体系 ［J］.旅游学刊，2012，27（05）：66-73.

［8］金卫东 . 智慧旅游与旅游公共服务体系建设 ［J］.旅游学刊，2012，27（02）：5-6.

［9］丁华，陈杏，张运洋 . 中国旅游公路概念、类型及其效应 ［J］.长安大学学报（自然科学版），2013，33（01）：67-70+77.

［10］李萌 . 基于智慧旅游的旅游公共服务机制创新 ［J］.中国行政管理，2014（06）：64-68.

［11］沈红 . 智慧旅游背景下智能手机 App 的旅游应用研究 ［D］.福建师范大学，2014.

［12］许朝泓 . 智慧旅游对渭南市旅游交通的影响研究 ［J］.经济研究导刊，2018（23）：106-107.

［13］薛松.全域旅游背景下"运游结合"模式发展研究［J］.交通企业管理，2018，33（4）：15-17.

［14］孟强，尚丽丽，等.我国旅游公路发展现状、问题及趋势［J］.公路交通科技（应用技术版），2020，16（01）：385-388.

［15］王新越，芦雪静，朱文亮.我国主要旅游城市旅游业发展影响因素分析与评价［J］.经济地理，2020，40（05）：198-209.

［16］张建涛，陈珂.中国旅游发展时空演化及其提质升级［J］.企业经济，2020，39（06）：80-89.

［17］夏杰长，丰晓旭.新型冠状病毒肺炎疫情对旅游业的冲击与对策［J］.中国流通经济，2020，34（03）：3-10.

［18］李宇容.浅谈新冠疫情背景下酒店行业的转型升级［J］.福建茶叶，2020，42（04）：78-79.

［19］明庆忠，赵建平.新型冠状病毒肺炎疫情对旅游业的影响及应对策略［J］.学术探索，2020（03）：124-131.

［20］严伟，严思平.新冠疫情对旅游业发展的影响与应对策略［J］.商业经济研究，2020（11）：190-192.

［21］王瑞涛，唐学玉，刘子越，吴聪.新型冠状病毒肺炎疫情对民宿行业的冲击影响研究——基于四象限模型考察［J］.中国市场，2021（08）：59-62.

［22］国家统计局，《中华人民共和国 2018 年国民经济和社会发展统计公报》，2019 年 2 月 28 日，https：//baijiahao.baidu.com/s?id=1626744373975271879&wfr=spider&for=pc。

［23］交通运输部，《2018 年交通运输行业发展统计公报》，2019 年 4 月 12 日，https：//www.financialnews.com.cn/sj_142/hysj/201904/t20190412_158127.html。

［24］交通运输部，《道路旅客运输及客运站管理规定》，2005 年 7 月 12 日，http：//www.gov.cn/gongbao/content/2006/content_310604.htm。

［25］交通运输部，《关于修改＜道路旅客运输及客运站管理规定＞的决定》第 6 次修正，2016 年 12 月 6 日，http：//www.gov.cn/gongbao/content/2017/content_5208206.htm。

［26］王培祥:《中国客车产业发展历程——我国商用车发展回顾之二》,《商用汽车》,
2009 年第 9 期。

［27］茂林之家:《不为人知的中国客车业发展简史（下）》, 2016 年 5 月 16 日, http:
//www.360doc.com/content/16/0519/14/16534268_560442284.shtml。

［28］刘晓烨:《奋进 40 年：中国商用车书写自主担当的励志传奇》,《中国汽车报》,
2018 年 12 月 21 日。

［29］唐华:《合资经营：中国汽车工业的发展之路》,《国际经济合作》, 2004 年第 3 期。

［30］胡书宁等:《探寻中国汽车企业在后合资时代的自主之路》,《中国集体经济》,
2010 年第 31 期。

［31］王晓燕、邓毅萍、董宪元,《旅游客运车辆交通安全现状与管理对策》, 中国公共
安全, 2015（04）, 69-73

［32］薛松.全域旅游背景下"运游结合"模式发展研究［J］.交通企业管理, 2018,
33（04）：15-17

［33］国家统计局:《中华人民共和国 2019 年国民经济和社会发展统计公报》, 2020 年
2 月 28 日, http://www.stats.gov.cn/tjsj/zxfb/202002/t20200228_1728913.html。

［34］交通运输部:《2019 年交通运输行业发展统计公报》, 2020 年 5 月 12 日, http://
www.gov.cn/xinwen/2020-05/12/content_5510817.htm。

［35］国务院:《"十三五"现代综合交通运输体系发展规划》, 2017 年 2 月 3 日, http:
//www.gov.cn/zhengce/content/2017-02/28/content_5171345.htm。

后 记

    2020 年年初，突如其来的新型冠状病毒肺炎疫情对多个行业产生了巨大冲击。旅游客运行业首当其冲。自 2018 年受中国旅游车船协会委托，追踪研究我国的旅游客运行业，已经历时三年。其间，课题组去了旅游客运企业调研，与一些旅游客运企业的领导进行了座谈，每一次的调研和谈话中，都收获良多；也更深刻意识到在高铁和私家车出行的滚滚洪流中，在交通企业纷纷涉旅的重压下，旅游客运企业在夹缝中求生存的困境和难处。转型和创新发展，一直是近年来旅游客运企业的方向。新型冠状病毒肺炎疫情暴发，对旅游客运这一传统行业将带来怎样的影响？是否将彻底改变行业的方向，转向非旅游领域的发展？传统旅游客运行业如何通过转型升级，实现高质量发展？我们正是带着这样的好奇，来研究和梳理近两年的研究报告和工作的。

    本书是在 2018—2020 年年度研究报告的基础上，增加了专题研究以及客运企业抗击新型冠状病毒肺炎疫情中的典型做法而成。本书能够顺利出版，离不开中国旅游车船协会领导和各位的大力支持！中国旅游车船协会近年来为推动旅游交通相关领域的发展尽心尽力，影响力越来越大。多年的合作，也让我们成为很好的朋友。其次，要感谢历次调研中结识的各位客运企业老总和朋友，他们热情、真诚、有见地的想法，给我们很多思考和启迪，他们积极提供素材和案例，为报告出版提供了坚实的支撑。同时，也要感谢中国旅游出版社王丛、陈冰编辑的辛苦劳动！最后，要感谢我的单位中国社科院财经战略研究院的各位领导和同仁！感谢研究团队小伙伴的辛勤付出！春暖花开，我们还将满腔热忱，期待旅游行业和旅游客运行业从复苏走向繁荣。时间仓促，书中难免错漏，也希望得到各位的批评指正！

马聪玲　于北京

责任编辑：陈　冰
责任印制：冯冬青
封面设计：八度出版服务机构

图书在版编目（CIP）数据

中国旅游客运行业发展报告 . 2018～2020 / 马聪玲，
宋磊主编 . -- 北京：中国旅游出版社，2021.5
　ISBN 978-7-5032-6697-3

　Ⅰ . ①中… Ⅱ . ①马… ②宋… Ⅲ . ①旅客运输－产
业发展－研究报告－中国－2018-2020 Ⅳ . ① F572.8

　中国版本图书馆CIP数据核字(2021)第058098号

书　　名：中国旅游客运行业发展报告 . 2018 ～ 2020

作　　者：马聪玲　宋磊　主编　张雅俊　副主编
出版发行：中国旅游出版社
　　　　　（北京静安东里 6 号　邮编：100028）
　　　　　http://www.cttp.net.cn　E-mail:cttp@mct.gov.cn
　　　　　营销中心电话：010-57377108，010-57377109
　　　　　读者服务部电话：010-57377151
排　　版：北京旅教文化传播有限公司
经　　销：全国各地新华书店
印　　刷：三河市灵山芝兰印刷有限公司
版　　次：2021 年 5 月第 1 版　2021 年 5 月第 1 次印刷
开　　本：787 毫米 × 1092 毫米　1/16
印　　张：13
字　　数：208 千
定　　价：68.00 元
ＩＳＢＮ　978-7-5032-6697-3
